DER AUTOR: «Als ich geboren wurde, war ich noch sehr jung»: So geschehen am 20. Februar 1909 in Riga, zur Freude seines Vaters, eines Theaterkapellmeisters. «Möge der Himmel seine Geigen über alle Glücklichen ausschütten»: Der junge Mann studierte Musik in Leipzig und war als Musikalienhändler tätig, bevor es ihn mit humoristischen Gedichten und Chansons zum Kabarett zog. «Viele Menschen haben sich ihre eingebrockte Suppe selbst zuzuschreiben»: Nach dem Krieg ließ sich Heinz Erhardt in Hamburg nieder und entwickelte dort beim Rundfunk seinen unverwechselbaren Stil voll hintersinnigem Sprachwitz. «Manchmal lehne ich mich völlig ab»: Sein Publikum hustete ihm etwas, und obwohl kein «Ehrgeizhals», avancierte Erhardt in zahlreichen Kinofilmen und im gerade geschlüpften Medium Fernsehen zum Lieblingskomiker der jungen Bundesrepublik. Heinz Erhardt starb am 5. Juni 1979 in Hamburg.
«Ich muß brechen, und zwar eine Lanze»: Die Symbolfigur des Wirtschaftswunders genießt auch Jahrzehnte später Kultstatus. Nun denn: «Das Programm neigt sich seinem Anfang zu ...»

Unvergeßlicher Heinz Erhardt

Wunderlich Taschenbuch

Die Originalausgabe erschien 1976 unter dem Titel
«Das Neueste von Heinz Erhardt»
im Verlag Klemmer + Müller, Oldenburg

Neuausgabe September 2002

Veröffentlicht im Rowohlt Taschenbuch Verlag GmbH,
Reinbek bei Hamburg, Januar 1980

Umschlaggestaltung any.way, Barbara Hanke / Cordula Schmidt
(Foto: pwe Kinoarchiv, Hamburg)
Gesamtherstellung Clausen & Bosse, Leck
Printed in Germany
ISBN 3 499 26397 1

Unvergeßlicher Heinz Erhardt

Lieber Heinz,

als wir beide im Jahre 1938 im Kabarett der Komiker in Berlin zum ersten Mal auf der Bühne standen, da haben wir sicher noch nicht ahnen können, daß sich diese Tätigkeit so in die Länge ziehen wird.
Jetzt, wo wir beide ins Sechzigste gehen, arbeiten wir immer noch. Du gibst ein neues Buch heraus, und ich habe vor kurzem eine neue Sendereihe begonnen.
Machen wir's wie damals, ich nehme Dich in meine Arme und spuck' Dir wieder über die linke Schulter: Toi, toi, toi für Dich und Dein neues Buch.
Gestern habe ich einen Pfennig gefunden, der ist genau so alt wie Du, und das habe ich schnell vergolden lassen – lies' mal:

Lieber Heinz zu Deinem heutjen
Feiertag – nach sechs Dezennjen
Komm' doch sicher 1000 Leutchen
Aber keener kommt mit Pfennjen

Kiek ma uff die Preejungsdaten
Scheen erhalten, schnieke Ware
Und wat sag'n die Numismaten
Der ist echt und sechzig Jahre

Wat mir wirklich sehr jenierte
Mann wie sah det Ding bloß aus
Aber als ick's scheen polierte
Kam det frisch wie'n Baby raus

Is'n Gleichnis Heinz nu halt'r
Ooch so jung wie Jold det kann
Sechzig is noch jaa keen Alter
Nee da fängt's erst richtig an

Leb so weiter, bleib bescheiden
Dir und Gilda immer Glück
Ville könn Dir sehr jut leiden
Beispiel: Lonny und ooch – ick

Dein Peter Frankenfeld

Lieber Heinz,

das erste Mal trafen wir uns vor nun fast 23 Jahren. In jenen Tagen konnte ich noch kein Wort Deutsch verstehen, doch als ich Dich auf der Bühne sah, wußte ich sofort, daß ich einen Meister vor mir hatte.
Oftmals wird gesagt, daß die Deutschen keinen Sinn für Humor haben, doch warum begeistern sie sich dann für Heinz Erhardt? – Sicherlich darum, weil Du ein Philosoph der Freundlichkeit bist. Du kannst glücklich, traurig, sogar frivol aber niemals böse sein. Du schaust auf das Leben wie ein Kind von Naivität, mit dem Humor eines Clowns und der Logik eines Professors.
Es ist nicht ausreichend, Dich auf der Bühne zu sehen; Du bist jemand, der studiert werden muß und welchen besseren Weg gibt es, als den des Buches? Wird ein Buch öfter als nur einmal gelesen und dann noch für gut befunden – dann ist es einfach gut.
Lieber Heinz, diese neueste Kollektion Deiner Verse und Aussagen wird tausende Deiner Fans Freude bereiten. Aber dies ist sicherlich nichts Neues, denn Freude hast Du Dein ganzes Leben verbreitet.
Meine besten Wünsche für Dich und Deine Familie

Dein Chris Howland

Lieber Herr Erhardt,

ich weiß, daß Sie sehr viele Briefe bekommen. Auch ich möchte Ihnen heute einmal kurz schreiben.
Da ich schon lange ein »Heinz Erhardt-Fan« bin, war es für mich ein besonderes Erlebnis, Sie vor kurzer Zeit in Ihrem Haus in Hamburg kennengelernt zu haben.
Ich möchte Ihnen auf diesem Wege für Ihre Gedichte und Ungereimtheiten danken. Sie haben mir mit diesen Werken oft über schwere Stunden hinweggeholfen. Ich habe immer wieder Freude gefunden, wenn ich Ihre Gedichte las.
Nun hatte ich das Vergnügen, aus Ihrem neuen Buch schon vorher einiges zu lesen. Ich bin genauso begeistert wie von Ihrem letzten Buch und bin sicher, daß es Ihrem Publikum genauso gut gefällt wie mir.
Ich hoffe, daß wir uns bald einmal wiedersehen und darf Ihnen weiterhin alles Gute wünschen.

Ihr
Jürgen Marcus

Humor

Glücklich ist der Mensch zu preisen, der – angetan mit einem Regenmantel – durch den strömenden Regen geht und das Gefühl hat, durch meinen Mantel geht nichts durch. Dieser Mensch hat Humor! Humor ist nichts anderes als ein undurchlässiger Regenmantel, und es ist nur bedauerlich, daß Regenmäntel immer so verregnet aussehen.

Humor kommt von humus, ohne den bekanntlich nichts gedeihen kann. Aus humus ist dann homo entstanden, und der liebe Gott muß damals viel Humor gehabt haben, als er den homo sapiens schuf. Denn gibt es etwas Komischeres als den Menschen?

Aus einiger Entfernung sieht der Mensch manchmal wie ein richtiger Mensch aus. Aber während das Weihnachtsfest zum Beispiel uns immer näher kommt, kommen sich die Menschen niemals richtig näher. Sie haben Angst voreinander. Ist das nicht komisch?

Ein Standpunkt

Wenn du mit vieler Mühe
auf einen Berg gekraxelt bist,
so merkst du erst da oben,
wie schön es unten ist.
Doch hab' es nicht zu eilig
mit dem Hinuntergehn;
es gibt nämlich nichts Schönres,
als Überdendingenstehn.

Man nehme

Seit frühster Kindheit, wo man froh lacht,
verfolgt mich dieser Ausspruch magisch:
man nehme ernst nur das, was froh macht,
das Ernste aber niemals tragisch.

Leicht zu sagen

Du irrst, wenn du sagst, es sei leicht,
was Leichtes hinzuschreiben,
was lustig – aber nicht zu seicht –
die Sorgen hilft vertreiben.

Leicht ist, ich bitt dich zu verzeihn,
das sogenannte Ernste,
das braucht nicht angeborn zu sein –
das kannste bald, das lernste.

Zahnpflegeleien

Man sollte wirklich den so schweren Gang zum Zahnarzt wagen. Wie wäre es mit morgen? Ach nee, morgen kann ich Gott sei Dank leider nicht! Und übermorgen? O, da hat der Zahnarzt keine Sprechstunde! Fein, wie schade! Aber in diesem Jahr gehe ich bestimmt noch hin, denn sonst steht plötzlich auf meinem Grabstein:

> Geboren am Bodensee,
> gestorben am Zahnweh…

Sinnsprüche

Manche Konferenzen finden unter vier Wänden statt.

Am besten ist, man macht sich häufig einen Knoten ins Notizbuch.

Große Schatten werfen ihre Ereignisse hinter sich.

Steh nicht immer auf! Sonst nimmt dir noch jemand deinen Platz weg, und dann sitzt du da!

Das Leben ist das Wichtigste des menschlichen Daseins.

Vor dem Tode habe ich keine Angst – denn alle, die gestorben sind, lassen nicht wieder davon ab.

Man sieht es manchen Damen noch jetzt an, daß sie einmal recht häßlich gewesen sein mögen.

Ich könnte manchmal vor Glück eine ganze Allee von Purzelbäumen schlagen.

An einen Schlagerkomponisten

Willst du Schlager fabrizieren,
weil so wenig existieren,
so ergreife deine Feder
oder auch den Blei entweder
und versuche zu notieren,
was gerade du ersannst.

Doch mußt du dich gegen wehren,
etwas Neues zu gebären;
denn nur das, was alt und mager,
wird ein sogenannter Schlager,
nach dem alles singt und tanzt.

Sieh dir deine Gattin an:
von den Frau'n lernst du behende,
wie du ältere Bestände
wieder aufarbeiten kannst...!

Kleine Rede am Neujahrsmorgen

Wie Sie sehen, seh ich heute ziemlich blaß aus. Das liegt daran, weil meine Freunde und ich uns die vergangene Nacht um die Ohren haben schlagen müssen, um einen lieben Entschlafenen, den auch Sie kannten, zur letzten Ruhe zu geleiten. Nämlich das vergangene Jahr.

Der Verblichene starb an den Folgen seines Todes und zum ersten Mal in seinem Leben. Und obwohl er nur ein Jahr alt wurde, war er schneeweiß geworden. So viel Aufregendes hatte er in seinem kurzen Leben erleben müssen.

Als wir an der Bar standen – ich wollte sagen: an der Bahre standen, wurde es sehr feucht der vielen Tränen wegen, die zu vergießen wir nicht vergessen hatten. Es ist ja auch sehr traurig, wenn jemand, der ein ganzes Jahr lang Tag und Nacht um uns war, und an den wir uns mittlerweile gewöhnt hatten, nun für immer von uns geht.

BB*

Ziemlich abgerissen stürzte Ludwig van Beethoven herein. »Na, noch so spät auf?« fragte ich etwas vorlaut. Aber obwohl scheinbar anwesend, war er anscheinend abwesend. Er kritzelte Noten in sein Notizbuch und summte eine Melodie, die ich nicht kannte. Dabei war sie von Beethoven …

»Was wird denn das, wenn es fertig ist?« wollte ich wissen. Er beachtete mich jedoch nicht – bis es mir wie Schuppen von den Haaren fiel: er kann ja nicht hören. Und mit solch schlechtem Gehör komponiert er so gute Sachen.

Während ich diesen Gedanken noch weiter ausspann, spannte Beethoven seinen Regenschirm auf, flog durchs Fenster und genau dem Mondschein entgegen, wo ihn schon seine Sonate erwartete…

* Beethovens Besuch.

Ein Zwiegespräch

»Gestatten Sie«, sagte der Vollbart, »mein Name ist Johannes Brahms! Störe ich?«

»Aber nicht im geringsten, verehrter Meister! Weder stören Sie mich, noch stört mich Ihr Hamburger Dialekt«, rief ich aus.

»Ach, hören Sie mir bloß mit Hamburg auf! Diese Stadt hat sich bis jetzt recht undankbar gezeigt: kein Platz, keine Brücke ist nach mir benannt worden! Nur so eine müde Allee, in die kaum ein Mensch kommt – – –«

»Das kommt vielleicht daher«, wagte ich einzuwenden, »weil Sie, statt Ihre Heimatstadt zu besingen, lieber ungarische Tänze komponiert haben! – Sehen Sie, Ihr Kollege Rimski-Korsakow zum Beispiel, der Ihnen nicht das Wasser der Newa oder eines anderen russischen Flusses reichen konnte und mit Hamburg nicht das Entfernteste zu tun hatte – dazu lebte er viel zu entfernt – widmete immerhin dieser Stadt seinen berühmten Hummelflug!«

Klassiker

Es gibt Dichter, die noch leben, aber trotzdem gut sind. Dann gibt es Dichter, die schon tot, aber um Klassen besser sind. Das sind die Klassiker.
Ihre Werke stehen in hohem Ansehen und in jedem Bücherschrank. Aber die ledernen Einbände stehen oft in keinem Verhältnis zu ihrem Inhalt. Nur der »Lederstrumpf« des Klassikers Karl May ist alles andere als ledern, sondern geheftet und in billigen kleinen Ausgaben zu haben, weil sich die Knaben keine großen Ausgaben leisten können. Sie opfern ihr letztes Taschengeld und ihren ersten Schlaf, um den Heißhunger nach dem Lederstrumpf befriedigen zu können.
Doch es gibt noch andere Klassiker, die von den Schulklassen gelesen werden, allerdings weniger gern, wie zum Beispiel Schiller. Ehe Schiller beschloß, Dichter zu werden, versuchte er sich an anderen Unternehmungen. So verfertigte er eine Taucherglocke, und für Herrn Polykrates schmiedete er einen Ring. Nun hatte er Zeit und Geld genug, sich dem Dichten zuzuwenden. Als guter Geschäftsmann verlockte er die Schüler zum Lernen seiner Gedichte, indem er für sie die sogenannten Schillerlocken buk, an die sich die älteren Semester sicher noch erinnern werden.

Über Wolfgang Amadeus von Goethe möchte ich nur soviel sagen, daß auch seine Werke in den Schulen gelesen werden müssen. Doch müßte sein Götz von Berlichingen für Jugendliche unter achtzehn Jahren verboten werden. Aber sogar die Theater spielen ihn, und die Schüler werden unter Zwang in die Vorstellungen getrieben, so daß sie bald unter Zwangsvorstellungen leiden.
Dann wäre noch ein anderer Klassiker zu erwähnen, nämlich Heinrich von Kleist. Er wurde ausgebombt und rettete nur einen zerbrochenen Krug. Nicht einmal Kleist war imstande, ihn wieder zu kleistern.

Mozart

Unter den berühmten Musikern sind am berühmtesten die alten Klassiker, was völlig falsch ist, denn die meisten alten Klassiker sind gar nicht alt geworden. Wie zum Beispiel Mozart. Dieser Tonsetzer feierte kürzlich seinen 200. Geburtstag in alter Frische.
Mozart war ein Wunderknabe. Es war nämlich ein Wunder, wie dieser Knabe in seinem kurzen Leben so lange Stücke hat schreiben können.
In seinen Werken sind alle Noten nach oben gestrichen, weil er stets Hals über Kopf arbeitete. Ihm genügte zur Herstellung der Don-Juan-Ouvertüre eine Nacht, während dem Don Juan selbst eine Nacht sicher nicht genügt hätte.

Mozarts Wiege stand in Salzburg. Diese Stadt heißt wohl deswegen so, weil zu den Festspielen jedermann gesalzene Preise zahlen muß.

Mozart muß ein recht flottes Leben geführt und im Kopf lauter Streiche gehabt haben, denn er verfertigte mit Vorliebe Streichquartette. Auch mögen da für ihn Sparsamkeitsgründe mitgesprochen haben. Denn erstens braucht man für ein Quartett nicht so viel Notenpapier wie für eine Sinfonie, und zweitens kommt man mit weniger Musikern aus. Ein Quartett ist in der Regel mit vier Mann ausreichend besetzt.

Mozart schrieb stets mit Bleistift oder Feder und Tinte und war zum Anschaffen einer Schreibmaschine nicht zu bewegen. Auch zog er, wenn er komponieren wollte, jedem anderen Papier das Notenpapier vor.
Im Gegensatz zu seinem Arbeitskameraden Johann Sebastian Bach trug Mozart beim Komponieren Strümpfe.

St. Petersburg

Man kommt ganz durchhin…

Es war im Herbst. Ich war sieben Jahre alt. – (Ein Knabe wird sieben Jahre alt. In welchem Jahr wurde er geboren? Lösung der Aufgabe im nächsten Buch.)
Doch nun will ich nicht länger abschweifen.
Durch Leninburg puffte eine mit Dampf betriebene Straßenbahn, die die anliegenden Häuser reichlich mit übelriechendem Rauch versorgte.
Die ausschließlich armen Leute in dieser Gegend aber murrten nicht. Im Gegenteil. Sie hingen nicht nur an ihrer Dampfbahn, sondern auch rohe Heringe an die Fensterkreuze, um sie nach mehrmaliger Vorbeifahrt der Straßenbahn frischgeräuchert zu verzehren…

Man kommt ganz durchhin…

Unsere Buche

Inmitten unseres Gartens stand eine Buche, wie sie im Buche stand.
Ob Frühling, Sommer oder Herbst – immer ließ sie was fallen, und ihr riesiges Blätterdach verdunkelte unsere Gemächer.
Onkel Harry wußte, wie immer, Rat.
Er bohrte große Löcher in die Wurzel – kein Zahnarzt hätte es besser gemacht – und goß literweise Salzsäure in die Wunden. Dann verschloß er die Löcher mit Gips und versprach, daß nun die Tage der Buche gezählt seien.
Wir brauchten die Tage nicht zu zählen, denn noch nie zuvor hat diese Buche so schön geblüht wie in den Jahren danach.

Die berühmte Venus

Ein Freund hat herrliche Gemälde. Er hängt nicht nur an ihnen, sondern sie auch an die Wände. Seine Bilder sind mit feinstem Öl gemalt und von dicken goldenen Rahmen umgeben.

Die Bilder stammen aber nicht nur von einem Maler, nein, von bereits verschiedenen Malern. Auch von dem Adolph von Menzel ist eins dabei, ein ganz kleines. Menzel war ja nicht groß.

Mein bekannter Freund hat auch einen riesigen Bücherschrank. Links stehen zwei grüne Bücher, rechts drei rote und in der Mitte ein blaues. Die Bücherrücken kennt er alle ganz genau. Nur gelesen hat er die Bücher nicht, denn er sagt, der Inhalt sei oft genauso ledern wie der Einband.

Und dann hat er eine schöne Skulptur herumstehen, so eine Marmorfigur aus feinstem Gips. Das ist die berühmte Venus von Mikosch. Die ohne Arme. Die hat keine Arme, die Arme. Mein Freund meint, für ein paar Mark mehr hätte er auch eine Ganze gekriegt, mit Armen.

Der kleine Engel

Geht ein kleiner Engel
durch das kleine Haus.
Löscht die kleinen Lichter
und die Lampe aus.

Drückt die müden Augen
sanft und heimlich zu,
spannt die bunten Träume
über deine Ruh.

Hält zu deinen Häupten
dann die ganze Nacht
mit zwei weißen Flügeln
treu und lautlos Wacht.

Sinnsprüche

Was ist paradox: wenn man ein eingefleischter Vegetarier ist.

Ich hatte die Stirn, sie zu runzeln.

Ich fletschte meine Faust.

Haben Sie Ihre Begabung von der Mutter? – Nein, ich habe sie mit der Vatermilch eingesogen.

Das Brot ging den Weg allen Fleisches.

Ich schoss ihn über seinen eigenen Haufen.

Von der Muse geküßt? – Von der Pampelmuse.

Der Kaiser belohnte ihn königlich.

Sie haben den falschen Idioten, Sie Nummer.

Ich muß brechen, und zwar eine Lanze.

Das Programm neigt sich seinem Anfang zu.

Hauptmann Gerhart

Gerhart hatte sich vom Musketier zum großen Tier emporgedient und eiferte so seinem Vater nach, der als General mitgeholfen hatte, den Krieg 70/71 siegreich zu beenden.

Gerhart brachte es bis zum Hauptmann.

Schließlich wurde er noch einmal befördert – und zwar an die frische Luft.

Und hier, in freier Natur, hub er an zu dichten. Diese Tätigkeit fiel ihm nicht schwer, weil er Goethe sehr ähnlich sah.

Wenn trotzdem zwischen den Schriften dieser beiden Großen eine Kluft klafft, so deswegen, weil Gerhart mit der Schreibmaschine seine Werke schrieb, während Goethe mit einem Federkiel vorlieb nehmen mußte.

Diese Fremdwörter

Wenn einer viele Frau'n sich nahm,
so nennt man sowas »polygam«,
genügt ihm aber eine schon,
nennt man den Zustand »monoton«.

Sommeranfang

Mit Frischem füllen sich die Keller.
Es sinkt der Öl- und Lichtverbrauch.
Die Nächte werden wieder heller.
Der Tag nimmt zu. Die Oma auch.

Winteranfang

Verblüht sind Dahlien und Ginster.
Die Rechnung steigt für Öl und Licht.
Die Nächte werden wieder finster.
Der Tag nimmt ab. Die Oma nicht.

Luisenstraße 13

Luisenstraße dreizehn
ist bloß ein graues Haus,
doch kriegen mich zehn Pferde
nicht aus dem Haus heraus!
Scheint dort auch nie die Sonne
und pfeift durchs Dach der Wind –
ich habe meine Gründe,
und diese Gründe sind:

Sie wohnt im dritten Stock,
ich wohn im vierten Stock,
in einem Häuserblock
in der Luisenstraße.
Sie ist 'ne Tippmamsell,
und ich bin Junggesell,
kann's wundern, daß ich schnell
gleich Feuer fasse?

Ich sitz dann abends in dem Zimmer
und wird's noch so spät,
ich höre dann ganz deutlich,
wie sie unten schlafen geht,
bei sich im dritten Stock!
Ich wohn im vierten Stock,
in einem Häuserblock
in der Luisenstraße.

Und eines ist betrüblich,
doch steckt es in mir drin,
und das ist leider dieses,
daß ich so schüchtern bin!
Treff ich sie auf der Treppe
vor ihrer Wohnungstür,
schleich ich an ihr vorüber
ins Stockwerk Numero vier.

Sie wohnt im dritten Stock,
ich wohn im vierten Stock,
in einem Häuserblock
in der Luisenstraße.
Sie ist 'ne Tippmamsell,
und ich bin Junggesell,
kann's wundern, daß ich schnell
gleich Feuer fasse?

Ich sitz dann abends in dem Zimmer
und habe ausgelöscht,
dann höre ich ganz deutlich,
wie sie sich da unten wäscht
bei sich im dritten Stock.
Ich wohn im vierten Stock,
in einem Häuserblock
in der Luisenstraße.

Diesen Sketch spielte ich mit meinen Kollegen auf Tournee:

Der vertauschte Mantel

Personen:

Dr. Otto Wallner	Bruce Low
Liesl, seine Frau	Waltraut Diederichs
Willi Ebner	Heinz Erhardt
Zunzi	Undine v. Medvey
Frl. Ganz, Sekretärin bei Wallner	Katherina Bäumer

Bühnenbild:
Gemütliches Wohnzimmer, Telefon, 1 Tisch, 2 Stühle

Otto (tritt vor den Vorhang): ... Und nun stellen Sie sich vor: ich komme nichts ahnend nach Hause, betrete das Wohnzimmer und sehe über dem Stuhl – nein, bitte sehen Sie sich das mal an, wie das war! (verschwindet hinter dem Vorhang)

Vorhang auf

Die Bühne bleibt einen Moment leer, dann tritt Otto auf und ruft:

Otto: Liesl! – Fräulein Ganz!

Frl. Ganz (auf): Sie haben geläutet, Herr Doktor?

Otto: Ja! – Wo ist meine Frau?

Frl. Ganz: Ihre Frau hat sich hingelegt.

Otto: Was, jetzt nachmittags um vier? (sieht über dem Stuhl den Trenchcoat) Was hat mein Trenchcoat hier zu suchen?

Frl. Ganz: Weiß ich nicht! Ich hatte ihn im Vorzimmer hingehängt. Wahrscheinlich hat ihn ihre Frau da hingelegt.

Otto: So, meine Frau hat ihn... (greift entsetzt nach dem Mantel) Ach, du lieber Himmel! (sucht in den Taschen) Der Brief ist weg!

Frl. Ganz: Haben Sie was verloren?

Otto: Ja, den Verstand!

Frl. Ganz: Was bitte?

Otto: Nichts Besonderes! – Sie können gehen! (Frl. Ganz ab) Der Brief ist weg! – Das hat mir gerade noch gefehlt! (Sieht das Telefon, es kommt ihm ein Gedanke, wählt eine Nummer, spricht, ab und zu ängstlich nach hinten blikkend) Hallo! – Willi? Ja, Gott sei Dank, hör mal, Du mußt mir einen ganz großen Gefallen erweisen! – Du gehst sofort zu Kempler in die

Königsstraße und kaufst Dir einen Trenchcoat, genau so einen, wie ich ihn vor 3 Wochen dort gekauft habe! Der Verkäufer, Bauer heißt er, kennt mich. Sag ihm, Du möchtest genau den gleichen Mantel haben, den ich vor 3 Wochen bei ihm gekauft habe. Da hingen noch eine Menge von der Sorte ... Was? – Wozu ich zwei gleiche Mäntel brauche? –– Ach Mensch, der eine Mantel gehört doch Dir! ... Was heißt, Du brauchst keinen Mantel? Paß mal auf! Meine Frau hat nämlich in meinem Mantel einen Liebesbrief gefunden... einen Liebesbrief!!! – Von wem? Von einem Ringkämpfer, Du Trottel! – Lach nicht so blöd, paß lieber auf! Du ziehst den Mantel an, kommst hierher und sagst folgendes... Nein, noch besser: nimm Dir ein Stück Papier, einen Bleistift und schreib Dir alles schön auf, was ich Dir jetzt sage!... Hast Du alles da? Also –

Frl. Ganz (tritt auf, sieht den Mantel, auf dem Otto sitzt und will ihn fortnehmen)

Otto (spricht weiter) Also Du sagst ... (zu Frl. Ganz) Was ist denn los? Machen Sie, daß Sie rauskommen! (Ins Telefon) Nein, Du sollst das nicht sagen, ich habe das gerade gesagt...

Frl. Ganz: Ich wollte nur den Mantel...

Otto (zu ihr): Ich brauche jetzt keinen Mantel! (ins Telefon) Doch ja! Natürlich brauche ich den Mantel!!! Das war nur hier, weil... (zu Frl. Ganz) Sie machen mich ganz nervös! Machen Sie, daß Sie rauskommen!

Frl. Ganz (ohne Mantel ab)

Otto (ins Telefon): Nein, bleib da! Das galt doch gar nicht Dir! Das galt doch dem Fräulein Ganz! Wieso? Wieso kannst Du nicht mehr durchblikken? – Aber die Sache ist doch sonnenklar!... Du gehst zu Kempler in die Königstraße, kaufst den Regenmantel, ziehst ihn an, kommst hierher und sagst folgendes: Entschuldige, Otto, daß ich störe – aber nein, natürlich störst Du nicht!!! Du sollst das nur sagen!... Ja!... Also: entschuldige, daß ich störe, aber wir haben gestern nachmittag nach dem großen Regen im Klub unsere Mäntel vertauscht... Nein, nicht eingetauscht! Vertauscht! Verwechselt!... Ja... warum nicht gleich so!... Paß auf! Meine Frau soll nämlich glauben, Du seist ein großer Frauenliebling, ein (sucht nach dem Ausdruck) ein bel ami!... Was ist denn mit Dir los?... Was heißt wau-wau – Warum bellst Du denn?... Ach Mensch: bel ami... bel ami, wie dieses Lied: (singt) Du hast Glück bei den Frauen, bel ami... nee, singen brauchst Du das nicht... Ach nee, hast Du wirklich alles verstanden? Oh, was bist Du klug!... Du Willi, jetzt tu mir den einundzwanzigsten Gefallen und beeile Dich! Es brennt!... Nein, nicht die Feuerwehr alarmieren!... Es brennt, es eilt! – Ja, ja, nimm Dir einen Wagen!!! Tschüß! (Hängt den Hörer auf) Ach, ach, wenn das man gut geht! Wenn der Willi das bloß richtig macht!!!

Liesl: (hustet hinter der Szene)

Otto: Meine Frau! (nimmt eine Zeitung, setzt sich hin, liest und singt)

Liesl (auf): Du singst?

Otto: (mit gespielter Überraschung) Liesl! – Da bist Du ja! – Das ist aber schön! – Hab ich Dich gestört?

Liesl: Nein, mich kannst Du nie mehr stören!

Otto: Oh, Du bist aber heute nicht sehr freundlich zu mir! Fehlt Dir vielleicht was!

Liesl: Ach nein, nichts!

Otto: (geht zu ihr) Aber Liebling, gib es doch zu! – Du hast Kopfschmerzen oder so was ähnliches, nicht wahr? Armes Kind, sowas kann sehr weh tun... Das kommt vom Wetter!

Liesl: (laut) Woher kommt das?

Otto: Vom Wetter! – Sieh mal, dieser plötzliche Witterungsumschlag, da kriegt eben so ein kleines Köpfchen Kopfschmerzen (will ihr über das Haar streichen)

Liesl: Laß das!

Otto: Also bitte, was ist denn eigentlich los?

Liesl: Du Schuft!

Otto: Was heißt das?

Liesl: Brief!

Otto: Brief? – Was heißt Brief?

Liesl: Gestern hast Du doch Deinen Trenchcoat angehabt, nicht wahr?

Otto: Ja, hätte ich vielleicht bei dem Regen eine Tennishose anziehen sollen? Schließlich ist ja so ein Trenchcoat dafür da, daß man ihn bei Regenwetter anzieht!

Liesl: Und daß man Liebesbriefe in seine Taschen steckt?! Da! (gibt ihm den Brief)

Otto: Was ist das? Ein Liebesbrief? (lacht)

Liesl: Da lachst Du auch noch?

Otto: Naja, was soll ich weiter machen? (liest) »Mein liebes kleines Foxl... (lacht weiter) Mein liebes kleines...« Das ist ja ein komischer Brief! – Du glaubst doch nicht etwa, daß *ich* der Hund bin?! (liest) »Wie entzückend warst Du heute nachmittag, schon im Kino warst Du so voll Ungeduld, daß Du das Ende des Films gar nicht mehr erwarten konntest, sondern mich gleich fortgeschleppt hast. Ich küsse Deinen gefühlvollen Mund und erwarte Dich Dienstag, wie gewöhnlich. Deine dumme, verliebte kleine Zunzi.« Wie kann ein Mensch bloß Zunzi heißen?

Liesl: (reißt ihm den Brief aus der Hand) Unerhört!

Otto: Ich kann ja verstehen, daß Du eifersüchtig bist, und ich verzeihe Dir ja auch –

Liesl: Du mir?!

Otto: Aber Liebling... Also gut, ich stelle fest, Du hast in meinem Mantel einen Liebesbrief gefunden. Ich habe nur keine Ahnung, wie er da hineingekommen ist!

Liesl: Ach!

Otto: Aber Liebes, weshalb hätte ich Dich denn betrügen sollen?!

Liesl: Wahrscheinlich, weil Du mit mir verheiratet bist!

Otto: Also bitte, ich ersuche Dich jetzt allen Ernstes –

Liesl: Reg Dich nur nicht künstlich auf! – Du Schlepper!

Otto: Schlepper? Was ist denn das? Aber Liebling, sei doch vernünftig, laß uns doch wieder vertragen!

Liesl: Nein, nicht eher, bevor diese Sache klargestellt ist! (ab)

Otto: (geht ihr nach) Hoffentlich kommt bald der Willi... (ihr nach)

Frl. Ganz: (mit Willi auf) Bitte hier nur einzutreten!

Willi: (hat einen Trenchcoat an, außerdem einen alten Mantel über dem Arm)

Frl. Ganz: Wollen Sie Herrn oder Frau Dr. Wallner sprechen?

Willi: Ja, bitte sehr!

Frl. Ganz: Wie bitte?

Willi: Ja, das ist ziemlich egal.

Frl. Ganz: Wollen Sie nicht ablegen?

Willi: Nein, den Mantel muß ich anbehalten.

Frl. Ganz: Und den anderen? (deutet auf den Mantel über dem Arm)

Willi: Nee, das ist der, in dem ich nachher wieder nach Hause gehen werde!

Frl. Ganz: Das wird Ihnen aber zu heiß werden!

Willi: Ja, das fürchte ich auch! Ich kann aber darauf keine Rücksicht nehmen, Herr Dr. Wallner hat nämlich bei mir angerufen und mir gesagt, daß sein Mantel mein Mantel sei. – Haben Sie das verstanden?

Frl. Ganz: Nein!

Willi: Ich auch nicht! – Aber da Sie gerade hier rumstehen, können Sie beides ja mit hinausschleppen! (gibt ihr Hut und Mantel)

Frl. Ganz: Bitte schön! (geht ab. Willi sieht ihr nach, und wie er dem Publikum den Rücken zudreht, bemerkt man das hinten hängende Preisschild)

Liesl: (auf mit Koffer und Buch) Ach Willi, Sie sind hier?

Willi: Ja! Oh, was sehe ich, Sie verreisen?
Liesl: Ja!
Willi: Wohin denn?
Liesl: Das weiß ich noch nicht!
Willi: Da soll es ja sehr hübsch sein!
Liesl: Halten Sie doch bitte mal! (gibt ihm das Buch)
Willi: Störe ich quasi?
Liesl: Aber nein, es freut mich aufrichtig! – Aber nehmen Sie doch Platz!
Willi: Danke! (liest im Buch)
Liesl: (öffnet den Koffer) Darf ich um das Buch bitten?
Willi: Ja, das kenne ich auch schon! (gibt es ihr)
Liesl: Wie geht es Ihnen?
Willi: Soso-lala!
Otto: (auf) Willi! – Da bist Du ja! (schüttelt ihm überfreudig die Hand) Das ist aber nett, daß Du Dich wieder mal bei uns sehen läßt!
Willi: Du hast ja bei mir angerufen. (auf)
Otto: (stößt ihn in die Rippen) Das ist aber eine Überraschung! – Aber setz Dich doch!
Willi: Nee, ich hab schon gesessen!
Liesl: Willi, so nehmen Sie doch Platz. Und ziehen Sie Ihren Mantel aus.
Willi: (setzt sich) Janein. – Des Mantels wegen weile ich ja ursächlich hier.
Otto: (zu Willi) Hast Du an Deinem Mantel gar nichts bemerkt? (reißt dreimal verstohlen am Etikett, beim 3. Mal reißt er es los und zeigt es Willi) Komm, nun fang schon an!
Willi: (nimmt einen Zettel aus dem Mantel) Das war so: Gestern, nach dem großen Regen, waren Otto und ich in den Klub gegangen, Komma.

Otto:	(stößt ihn an)
Willi:	Und dort haben wir unsere Mäntel vertauscht. Machen Sie, daß Sie rauskommen!...
Liesl:	Was sagen Sie da?
Otto:	Na und weiter?
Willi:	Ja, nun trägt Otto meinen Mantel, und ich trag seinen. (lacht albern)
Liesl:	(springt freudig auf) Der Brief!
Willi:	(springt erschreckt mit auf)
Otto:	Ach, so ist das? Es wird mir so manches klar! Also bitte, Liesl, was sagst Du jetzt?
Liesl:	(erfreut) Wirklich, Otto, das hätte ich nie gedacht!
Otto:	Ich auch nicht! (beide fassen sich an den Händen und schunkeln)
Willi:	Was gibt es denn da zu schaukeln? – Ich habe den Mantel gekauft...
Otto:	(stößt ihn)
Willi:	Und vertauscht! Erst gekauft und dann vertauscht. Das kann ja mal vorkommen!
Otto:	Das sage ich doch schon die ganze Zeit! – Das kann ja schließlich jedem mal passieren! (beide lachen, zu Willi) Aber weißt Du, daß das beinahe sehr böse ausgegangen wäre?
Willi:	(sieht auf den Zettel) Wieso? Das habe ich gar nicht hier drauf!
Otto:	(stößt ihn) Willi, Willi! Das nächste Mal bist Du etwas vorsichtiger, nicht wahr? Vor allem vergiß keinen Liebesbrief in den Taschen Deines Mantels!
Willi:	Was denn für einen Liebesbrief?
Otto:	(eindringlich) Wir haben doch in der Tasche Deines Mantels einen Liebesbrief gefunden!!

Willi: Ach ja, ich entsinne mich finster!

Otto: (wie oben) Von der Zunzi!

Willi: Wie heißt die Dame?

Otto: Zunzi!

Liesl: (überreicht Willi den Brief) Bitte, er gehört Ihnen!

Willi: (nimmt ihn) Jetzt schäme ich mich einigermaßen.

Liesl: Nein, ich schäme mich, weil ich ihn ohne jede Berechtigung gelesen habe. Aber keine Angst, ich bin verschwiegen, obgleich ich auf Ihre Zunzi ganz besonders neugierig bin. Das muß ja eine entzückende Freundin sein!

Otto: Das kann man wohl sagen!

Liesl: Woher weißt Du denn das?

Otto: Ich? Oh, der Willi ist bekannt dafür! Er hat immer einen guten Geschmack gehabt!

Liesl: Der Willi?

Otto: Jaaa, er ist ein bel ami!

Willi: Ach, jetzt kommt das!?!

Otto: (macht ihm Zeichen, Willi erschrickt)

Liesl: Was hat er denn? – Es würde mich wirklich interessieren, sie kennenzulernen. Ich möchte sehen, wie so ein kleines Mädcl aussieht, das man ungeduldig aus dem Kino fortschleppt!

Willi: Aus was für einem Kino denn?

Otto: Aber Willi, nun leugne doch nicht länger! Das steht doch alles drin in dem Brief!

Willi: Ach so, den habe ich ja noch nicht gelesen! (alle lachen)

Liesl: Sagen Sie, Willi, wann treffen Sie sie wieder?

Willi: (sieht fragend auf Otto, der, um den Dienstag anzudeuten, hinter Liesls Rücken zwei Finger hochhebt) Am zweiten – zweimal am Tag – zwei Minuten vor 2 –

Liesl: (sieht sich verwundert nach Otto um und bemerkt dabei seine Spielastik. Otto tut, als fange er eine Mücke, sie zu Boden wirft und sie tottritt) Was soll denn das?

Otto: Tot!

Liesl: Sei nicht so albern!

Willi: (auf den Boden zeigend) Hier hockt noch eine!

Liesl: Also Willi, wann treffen Sie sie wieder?

Willi: (versteht Ottos Zeichen nicht) Er spricht so leise!

Liesl: Wer?

Willi: Am Freitag, sagen wir mal.

Liesl: In dem Brief steht aber Dienstag!

Willi: Das ist es ja eben! Der Dienstag ist ihr Freitag! – Da hat sie frei – am Dienstag!

Liesl: Sagen Sie, wie sieht sie eigentlich aus?

Otto: (zeigt mit der Hand bis zum Hals, um ihre Größe anzudeuten)

Willi: Sie hat's im Hals – sie steht mir bis zum Hals – sie geht mir bis zum Hals –

Liesl: Was für ein Typ ist sie? Ist sie schwarz?

Willi: Nein, sie ist eine Weiße!

Liesl: (lachend) Ich meine, ist sie groß oder klein?

Otto: (zeigt durch Kniebeuge ihre Kleinheit an)

Willi: Sie hat krumme Beine!

Otto: (ringt die Hände)

Willi: Und sie ringt immer so die Hände (kriegt die Finger nicht auseinander)

Liesl: Was ist sie denn von Beruf?

Otto: (macht springende Tanzbewegungen)

Willi: Springerin!

Liesl: Was?? – Ach so, Springerin im Weitsprung?
Otto: (macht wieder Tanzbewegungen)
Willi: Nein, im Seitensprung!
Otto: (rudert mit den Händen)
Willi: Und sie schwimmt!
Otto: (klettert verzweifelt am Vorhang hoch)
Willi: Und dann klettert sie immer so hoch!
Otto: (hüpft immer verzweifelter umher)
Willi: (hüpft mit, bis er verzweifelt auf einen Stuhl sinkt)
Otto: (eilt zu ihm und umarmt ihn tröstend) Nun quäl doch den armen Jungen nicht so! Du kannst die Menschen aber auch wirklich fertigmachen!
Liesl: Laß mich doch! Ich habe doch Verständnis für sowas!
Otto: Ja, Dein Verständnis kenne ich! Willi, ich habe leider keine Zeit mehr, gib mir doch bitte meinen Mantel wieder!
Willi: (zieht den Mantel aus) Da! – Hoffentlich paßt er Dir!
Otto: (stößt ihn an) Warum soll mir denn mein Mantel auf einmal nicht mehr passen?
Willi: Ja nicht? – Was soll die Frage?!
Otto: Du redest manchmal ein Zeug zusammen... Hier hast Du Deinen Mantel! (gibt ihm den, der auf dem Stuhl lag) Na, Liesl, ist alles wieder in Ordnung?
Liesl: Ja natürlich!
Otto: Gott sei Dank! Willi, besuche uns recht bald wieder!
Willi: Ja, wenn Du wieder mal'n Mantel brauchst...
Otto: Eech... Also, komm nur, wann Du Lust hast!
Liesl: Aber nur nicht am Dienstag!

Willi: Warum denn nicht am Dienstag?
Liesl: Na, der gehört doch der Zunzi!
Otto: Ach ja, richtig!
Liesl: Was geht Dich denn das an?
Otto: Oh, das geht mich – gar nichts an!
Liesl: Entschuldigt mich mal einen Moment! Ich muß mal nach dem Essen schauen! (ab)
Willi: Wie ist denn eigentlich die Zunzi?
Otto: Ach, Zunzi ist süß! Nur manchmal, da geht ihr ungarisches Temperament mit ihr durch!
Willi: Joj, joj, joj!
Otto: Dann kriegt sie furchtbare Eifersuchtsanwandlungen! Wenn die eine Ahnung hätte, daß ich verheiratet bin – sie würde mich glatt umbringen!
Willi: Das wäre keine schlechte Lösung! – Sie weiß also nicht, daß Du eine Frau hast?
Otto: I bewahre! Im Gegenteil, sie hofft doch, daß ich sie eines Tages heiraten werde!
Willi: Ach, du mein lieber mon bien! Wenn das rauskommt, bist Du aber drin, was?
Otto: Nun mal bloß nicht den Teufel an die Wand!
Willi: Nein, ich kann ja gar nicht mahlen! – Ich bin ja kein Müller!
Otto: Willi, Mensch, jetzt fällt mir was ein! Mir kann ja gar nichts passieren! – Nein, mir kann gar nichts passieren! Sie weiß ja gar nicht meinen richtigen Namen! (beide lachen herzhaft)
Willi: Du Schelm! Unter welchem Namen hast Du Dich denn vorgestellt?
Otto: Unter Deinem...
Willi: (plötzlich ernst) Das verbitte ich mir!
Otto: Aber warum denn?

Willi: Das verbitte ich mir sogar ganz verschieden!

Otto: Das ist doch bei uns schon beinahe Tradition!

Willi: Ach was, Tradition!

Otto: Willi, ich habe mir doch früher immer Deinen Namen ausgeliehen!

Willi: Ich bitte Dich jetzt ein für allemal, das von jetzt ab zu hinterlassen!

Otto: Was kann Dir das schon schaden?

Willi: Was kann mir das schaden? Mein Name wird abgenützt! – Ich lasse mich nicht mehr länger von Dir terrorasieren!

Otto: Was ist denn plötzlich los?

Willi: Otto, schäme Dich vor Deiner Frau! Sie ist ein Engel! Eine Elfe! Eine Zwölfe!

Otto: (äfft ihn nach) Elfe, Zwölfe!

Willi: Was bist Du denn so albern?

Otto: Ach was!

Willi: Du hättest schon längst mit der Zunzi…

Otto: Ich weiß, schon längst hätte ich Schluß machen sollen…(Telefon) Ja, hallo? – Die Zunzi!!! (gibt Willi den Apparat) Sprich Du mit ihr! Sie ist doch Deine Freundin!

Willi: (während er in der Zerstreuung den Hörer in die Hosentasche steckt) Nee, sprich Du mit ihr! Du kennst sie…

Otto: (lacht, nimmt den Apparat, sucht den Hörer) Wo ist denn der Hörer?

Willi: (zieht ihn aus der Tasche) Da ist er ja! – Und ich denke immer, wer spricht da unten!…

Otto: (ins Telefon) Nein, Zunzilein, Du irrst Dich ganz gewaltig, ich bin hier bei einem Freund… wirklich, ich bin bei einem Freund!

Willi: Gib mal her (nimmt den Hörer) Zunzilein, ich bin sein Freund! Ich bin Willi Ebner!

Otto: (will ihm den Hörer entreißen) Um Gotteswillen, das bin ich doch!!!

Willi: Nein, ich habe mich geirrt – er ist da ja heute – ich bin heute ganz verstreut.

Otto: (hat den Hörer genommen) Aber Zunzilein, wer erzählt Dir sowas?! Ach wo, das stimmt doch alles nicht! – Du! – mach keine Dummheiten! – nein, nein!!!

Willi: Was ist denn?

Otto: Nein, nicht vom 4. Stock herunterspringen!!!

Willi: Sie ist doch eine Springerin!

Otto: Aber das Haus hat doch nur 3 Stockwerke!

Willi: Vielleicht hat man inzwischen aufgestockt?

Otto: (zu Willi) Ach was! (ins Telefon) Warte noch einen Augenblick! Ich komme gleich hin zu Dir! (hängt auf) Jetzt ist die Katastrophe da!

Willi: Was für 'ne Katastrophe?

Otto: Denk Dir, sie hat einen Detektiv beauftragt!

Willi: Deine Frau?

Otto: Ach Unsinn, die Zunzi!

Willi: Da kann ich nur sagen »joi-joi«!

Otto: Sie hat nämlich rausgekriegt, daß ich sehr oft mit einer fremden Frau in einer fremden Wohnung zusammentreffe!

Willi: Aber das stimmt doch gar nicht!

Otto: Natürlich stimmt das!

Willi: Wieso, hast Du denn noch eine?

Otto: Natürlich nicht!

Willi: Welche Wohnung meint sie dann denn – denn dann?

Otto: Hier! – Meine eigene!

Willi: Wieso ist die fremde Wohnung Deine eigene?

Otto: Und sowas schläft in einem Bett! – Also paß auf! Sie hat noch keine Ahnung, daß dieser Dr. Wallner, ich –

Willi: Ja, das bist Du!

Otto: – daß dieser Dr. Wallner, dessen Schild unten am Hause hängt –

Willi: Ach, Du hast ein Schild unten am Hause hängen?

Otto: Natürlich habe ich als Bürger ein Schild am Hause hängen!

Willi: Dann bist Du ja ein Schildbürger!

Otto: Nun hör doch endlich mal aufmerksam zu! – Sie hat doch keine Ahnung, daß dieser Dr. Wallner, dessen Namen und Telefonnummer sie höchstwahrscheinlich von dem Detektiv erfahren hat – daß der mit mir identisch ist!

Willi: Ja, das ist ja toll!

Otto: Hast Du mich verstanden?

Willi: Nee!

Otto: Jetzt glaubt sie doch, daß ich mit meiner eigenen Frau ein Verhältnis habe!

Willi: Pfui Deiwel! – Ja wieso? Du kannst doch mit Deiner Frau ein eigenes Verhältnis haben!

Otto: Verstehst Du denn immer noch nicht?

Willi: Das kommt alles so plötzlich...

Otto: Junge, Junge! (schreit) Jetzt glaubt sie, daß Willi ein Verhältnis mit Frau Wallner hat!

Willi: Schrei doch leiser, ich bin ja nicht blind!

Otto: (resigniert) Also hör zu! Sie bildet sich ein, daß Du ein Verhältnis mit meiner Frau hast!

Willi: Das wär schön!

Otto: Waaas?

Willi: Das wär ja noch schöner! – Ach was, ich mach jetzt Schluß mit der Zunzi! Mit mir auch! Ich häng mich nieder – ich schieß mich auf! Ich werf mich hinter den Zug!!! – (Beide zu verschiedenen Seiten ab)
(Lärm hinter der Szene)

Die Stimme von Frl. Ganz: Wen darf ich melden?

Die Stimme von Zunzi: Niemand! Ich will die Frau des Hauses sprechen! Unter vier Augen!

Die Stimme von Frl. Ganz: Bitte sehr!

Zunzi (auf) Das ist mir noch nicht passiert, sowas!

Liesl: (auf) Sie wollen mich sprechen? Mit wem habe ich das Vergnügen?

Zunzi: Wenn ich Ihnen meinen Namen nenne, wissen Sie auch nicht mehr. Ich bin nämlich wegen Willi gekommen!

Liesl: Ach, Frl. Zunzi?

Zunzi: Sie kennen meinen Namen? – Dann wissen Sie wohl auch, daß ich Willis Freundin bin?

Liesl: So ungefähr!

Zunzi: Nicht so ungefähr! Ich bin offiziell, sozusagen gesetzlich seine Freundin!

Liesl: Und warum sagen Sie mir das alles?

Zunzi: Weil ich weiß, daß Willi Sie liebt!

Liesl: So? Woher wissen Sie das?

Zunzi: Ich habe ihm nachspionieren lassen! – Ich weiß, daß Willi seine ganze freie Zeit hier bei Ihnen verbringt! – Er wohnt ja beinahe hier! Er ißt

	hier, er trinkt hier, vielleicht badet er sogar hier!
Liesl:	Nun ist es aber genug! – Nehmen Sie Ihren Willi! Behalten Sie ihn, und werden Sie mit ihm glücklich! (geht zur Tür) Willi!!! Eine Dame will Sie dringend sprechen!
Willi:	(auf) Guten Tag!
Liesl:	Bitte, hier ist Ihre Zunzi!
Zunzi:	Waas? Das ist doch –
Liesl:	Nun tun Sie bloß nicht so, als hätten Sie sich im Leben noch niemals gesehen!
Willi:	(hüpft auf Zunzi zu) Zunzili!!!
Liesl:	Erledigen Sie Ihre Angelegenheiten unter vier Augen! Ich will zwei liebende Herzen nicht voneinander trennen! (ab)
Willi:	(nach einer Pause) Mahlzeit!
Zunzi:	(erschlagen) Mahlzeit!
Willi:	Also Sie sind die Zunzi!
Zunzi:	Und wer sind Sie?
Willi:	Ich bin Ihr Freund!
Zunzi:	Aber ich habe Sie ja noch nie im Leben gesehen!
Willi:	Das macht nichts! Ich habe jetzt keine Zeit für Erklärungen! Die Dame da drinnen muß glauben, daß Sie meine Freundin sind. Können Sie mir geistig folgen?
Zunzi:	Nein!
Willi:	Das dachte ich mir! Ich – ich bin Willi Ebner! Wenn Ihr wirklicher Freund hier hereinkommt, dann dürfen Sie ihn nicht kennen! Dann ist er für Sie Luft – verdünnter Äther!
Zunzi:	Aber mein wirklicher Freund ist doch Willi Ebner!

Willi: Ach, papperlapapp! – Ihr wirklicher Freund ist der Gatte dieser Dame da drinnen! Er hat sich Ihnen nur unter meinem Namen vorgestellt!

Zunzi: Waas? – Oh, er hat mich betrogen! Er hat mir was vorgelogen! So ein Schuft, Schuft, Schuft (stampft mit den Füßen)

Willi: So, und jetzt spielen wir mal was anderes! Sie müssen jetzt zärtlich zu mir sein! Sie müssen mich umarmen, küssen, loslassen, wiederküssen, wieder loslassen, damit die Dame denkt –

Zunzi: Ich werde Sie nicht umarmen, küssen und wieder loslassen –

Willi: Doch, das müssen Sie machen! Ich schenke Ihnen auch was!

Zunzi: Was denn?

Willi: 'n paar Felle

Zunzi: Was für Felle?

Willi: Niagarafelle –

Zunzi: Und wann bekomme ich die Felle?

Willi: Morgen auf alle Fälle! – So, nun wollen wir mal proben! Seien Sie zärtlich!

Zunzi: Bitte, wie Sie wollen! (parodistisch) Mein einzig Geliebter! Verlasse mich nicht!

Willi: (immer ängstlich um sich blickend) Leiser!

Zunzi: (leiser) Geh nicht fort von mir! Hab ich das verdient für meine Tage und Nächte?!

Willi: Lauter!

Zunzi: Lauter Nächte! – Für meine Unschuld, die ich Dir geopfert habe?!

Willi: Nicht übertreiben! – Sie kommt!!!

Zunzi: (sich steigernd) Du, gib acht! Wenn Du mich verläßt, spring ich aus dem Fenster! Hilfe, Hilfe!!!

Liesl: (stürzt herein) Aber Fräulein Zunzi! Machen Sie doch keine Dummheiten!

Zunzi: Ich kann nicht leben ohne ihn!

Liesl: Das sollen Sie auch nicht! – Willi, ich hoffe, Sie wissen, was Sie zu tun haben! Ich war ungewollt der Grund zu dieser Szene – ich will alles wieder gut machen! Geben Sie mir Ihre Hand, Frl. Zunzi –

Zunzi: (reicht ihr die Hand)

Liesl: Sie auch, lieber Willi –

Willi: (reicht die falsche)

Liesl: Die andere! – So Kinder, versöhnt Euch – küßt Euch!

Zunzi: (springt Willi um den Hals) Mein Geliebter!

Otto: (auf): Was ist denn hier los?

Liesl: Gestatte, daß ich Dir vorstelle: Frl. Zunzi, Willis Braut!

Otto: Häääh! (fällt in einen Stuhl)

Zunzi: (zu Otto) Sehr angenehm, Herr Doktor!

Willi: Na, Otto, bin ich nun ein bel ami? – Ich habe ja schon immer für Ungarn geschwärmt, nicht wahr? Joj, joj, joj! (tanzt mit Zunzi 16 Takte ungarisch).

Vorhang

Sinnsprüche

Als ich geboren wurde, war ich noch sehr jung.

Ich habe die Muttersprache mit den Kindesbeinen eingesogen.

Das ewige Schwimmen gegen den Strom wird noch einmal der Nagel zu meinem letzten Atemzug sein.

Wenn schon Nietzsche sagt, das zum Leben drei Dinge gehören, nämlich Geld, Geld und Geld, so möchte ich diesen klugen Satz dahin erweitern, daß zum Leben vier Dinge gehören, nämlich Geld, Geld, Geld und Geld.

Auch die Sonne hat ihre Flecken.

Ich bin ein richtiger Pechpilz, niemals fällt mir das kleinste Schwein in den Schoß.

Wer den Schaden hat, spottet jeder Beschreibung.

Der Wurm

Am Fuß von einem Aussichtsturm
saß ganz erstarrt ein langer Wurm.

Doch plötzlich kommt die Sonn' herfür
erwärmt den Turm und auch das Tier.

Da fängt der Wurm an sich zu regen,
und Regenwurm heißt er deswegen.

Der Saurier

Es war einmal ein schauriger,
urzeitgemäßer Saurier.
Er wohnte tief in den Morästen
und hatte keinen Drang nach Westen,
auch nicht nach Süden, nicht nach Norden,
drum war auch nichts aus ihm geworden.
So sehr man es bedauerte,
der Saurier versauerte.
Da er auf jeglichem Gebiete
nichts weiter war als eine Niete,
beschloß er kurz, sich zu verfärben
und für die Nachwelt auszusterben. —
Das war, fürwahr, ein trauriger
und zeitgemäßer Saurier!

Ein Freund

Ich mag alle Tiere.
Selbst einer gelben Viper im Zoo würde ich gleich hinter den Ohren den Kopf kraulen – wenn man mich ließe.
Und vor allem sie.
Auch ein, zwei Ameisen habe ich gern. Nur in Massen dürfen sie nicht kommen, denn ich bin kitzlig.
Aber ich liebe Katzen.
»Pfui«, höre ich empört ausrufen, »Katzen! Katzen sind a) falsch und b) fangen Vögel!«
a) Nicht die Katze ist falsch, sondern diese Behauptung. Es ist noch nie einer Katze eingefallen, mich anzufallen! Selbst dann nicht, wenn ich meinen mausgrauen Anzug anhabe.
b) Ich habe im Kopf schriftlich ausgerechnet, daß auf den Kopf einer Katze 0,087 Vögel kommen – das ist ein Bruchteil der Millionen deutscher Singvögel, die in jedem Jahr unseren Freunden südlich der Alpen auf den Leim gehen.
Komme ich nach längerer Abwesenheit nach Hause und setze mich an den Schreibtisch, um den Haufen Post zu sichten, springt meine Katze auf denselben (den Haufen), reibt sich schnurrend an meinem Antlitz und legt sich völlig und wohlig auf die Briefe, als wolle sie sagen: »Quäle dich doch nicht mit all diesem Alltagskram! Laß die Rechnungen und die Steuerbescheide (die zu Unrecht so heißen; denn wieso sind sie bescheiden?) und lies nicht die dummen Kritiken, die dir dein Ausschnittbüro geschickt hat!«

Na, ist das ein Freund?

Zoologischer Vortrag

Ich sitze eben in meinem Wohnzimmer, umgeben von Bildern verschiedener Maler, wobei ich betonen möchte, daß hier »verschieden« nicht mit »verstorben« identisch ist – denn Werke verstorbener Maler sind zu teuer, ebenso teuer wie die Butter. (Bei welcher Gelegenheit ich mir nicht die Bemerkung verkneifen kann, daß es ja ganz schön ist, wenn alles in Butter ist, daß es aber weniger schön ist, wenn alles Mögliche in der Butter ist.)
Ich sitze also in meinem Wohnzimmer, vor mir die Schreibmaschine. Manche Leute verstehen es, aus einer Mücke einen Elefanten zu machen. Daß man aber aus einem Elefanten und einer Mücke etwas machen kann, ohne sich aus ihnen etwas zu machen, das bewies uns neulich ein Vortrag, der diesen beiden Rüsselträgern gewidmet wurde. Obwohl also beide Tiere einen Rüssel haben, haben sie nicht viel miteinander gemein – mit Ausnahme der Mücke, die wirklich gemein ist. Denn wie oft benutzt sie ihren Rüssel zum Stechen, egal wen und wohin. Der Elefant ist für so etwas viel zu vornehm.
Während die Mücke ein Säugetier ist, wovon sich in jedem Sommer jeder Leichtbekleidete leicht überzeugen kann, legt der Elefant Eier, denen die sogenannten Elefantenkükken entschlüpfen. Der Elefant zeichnet sich durch größte Bescheidenheit aus. Wenn nämlich seine letzte Stunde schlägt, so schlägt er sich still und heimlich in die Büsche, um dort seine Seele durch den Rüssel auszuhauchen.
Anders die Mücke, dieses eitle Ding! Sobald sie fühlt, daß sich ihre letzte Minute nähert, nähert sie sich einem Menschen und singt ihm so lange ihre Chansons vor, bis der in die Hände klatscht, und sie dazwischengerät. Sie ist dann derart erschlagen, daß nicht nur von ihr, sondern auch ihr nichts übrigbleibt, als sich zu den Vätern zu versammeln. Irgendwo im Mückenhimmel kommt sie dann wieder zu sich, was bedeutend besser ist, als wenn sie wieder zu uns käme.

Der Kuckuck

Der Kuckuck ist ein scheues Reh,
man sieht ihn selten aus der Näh!
Kommt wer, egal von welcher Seite,
so sucht der Kuckuck flugs das Weite.
Er ist nämlich ein wenig bange,
daß man ihn töte oder fange.
In diesem Punkt – warum verschweigen? –
ist unser Vogel etwas eigen!

Ratten

Die Flöte ist für uns Deutsche ein fatales Instrument. Der alte Fritz, obwohl der Zweite genannt, war der erste, der uns die Flötentöne beibrachte, und vor einigen Jahrzehnten noch waren wir gewohnt, nach der Pfeife unserer Hin- und Heerführer zu tanzen. Dabei ging dann meistens den hohen Flötenbläsern die Puste aus.
Nur der Rattenfänger von Hameln, der sich ja auch dieses Instrumentes bediente, konnte sich rühmen, einen vollen Sieg davongetragen zu haben.
Trotzdem gibt es aber nach wie vor Ratten, und auch einige Kinder sind noch nachgeblieben...
Zum Glück – – – für Hameln.

Der Holzwurm

Bei dieser Gelegenheit möchte ich eine Tatsache erwähnen, die bisher die Wissenschaft übersah.

Ein Zoologieprofessor, dessen Name weltbekannt ist – er heißt nämlich Müller –, hat herausgefunden, auf welche Weise sich Holzwürmer untereinander verständigen:

sie ticken sich an!

Kein Wunder übrigens, denn sie bewegen sich meistens in »anticken« Möbeln!

Zahnweh

Vom Zahn der Zeit sei heute die Rede. Der nagt nämlich an meinem Zahn, weshalb ich es an der Zeit fand, zum Zahnarzt zu schleichen. Bevor letzterer aber dazu kam, mir ersteren zu entfernen, entfernte ich mich, weil ich glaubte, der Situation nicht gewachsen zu sein, wenn der Zahnarzt – zornig geworden durch meine Klagen – befehlen wird: »Mensch, beißen Sie die Zähne zusammen, und machen Sie den Mund auf!«
Ach was – bei irgendeiner Gelegenheit werde ich mir den wehen Zahn schon ausbeißen, es gibt ja immer mal eine harte Nuß zu knacken. Der Biß auf die Nuß erspart den Zahnarzt.

Fußball

Ein Lateiner sagte einmal: »Wer die Waden hat, braucht für den Sport nicht zu sorgen!« Womit zweifelsfrei bewiesen ist, daß man schon in alten Zeiten dem Fußballspiel gefrönt hat.

Glücklicherweise gibt es heute nur wenige, die für diese Sportart nichts übrighaben. Sie stehen abseits – und gerade das ist beim Fußball streng verboten!

Man muß immer am Ball bleiben, immer hinter ihm herrasen. Deshalb zählt man den Fußballsport auch zu den Rasenspielen.

Aber wenn dieses schöne Spiel auch Fußball heißt, so darf man es nicht nur mit dem Fuß, sondern muß es auch mit dem Kopf spielen. Leider ist in der Regel diese Regel wenig bekannt, und wir wollen nur hoffen, daß bei unseren nächsten Länderspielen dieser vernachlässigte Körperteil wieder zu seinem Recht kommt.

Geschmack

Leute, die etwas vermögen, erwerben sich oft ein solches. Aber je unverständlicher ein Werk ist, desto höher bewertet man es und befreit es sogar von der Vergnügungssteuer, wohl deshalb, weil es dem Hörer meist kein Vergnügen bereitet, einem solchen Werk beizulauschen.
Übrigens gibt es viel mehr traurige als fröhliche Werke, und das ist eigentlich traurig, denn man macht ernsthafte Dinge nicht dadurch fröhlicher, indem man sie ernsthaft behandelt. Nur fröhliche Dinge sind es wert, ernsthaft behandelt zu werden. Ein ernsthafter Andersdenkender wird nun zuerst sich empört vom Sitz, dann seine Stimme und schließlich Einspruch erheben. Aber die Meinungen über Geschmack sind nun einmal schwerer unter einen Hut zu bringen als die Völker der Schweiz, die vor vielen, vielen Jahren vor einem Hut den Hut oder die Konsequenzen haben ziehen müssen. Wie dieser Wilhelm Tell, der bekanntlich in den sauren Apfel biß, indem er durch ihn hindurchschoß.
Ob nun sauer oder weniger sauer – es ist zum Schießen, wie verschieden der Geschmack ist, besonders was die Hörspiele betrifft, die ja regelmäßig wiederkehren wie die braven Hausfrauen, die auch regelmäßig wieder immer wieder kehren, bis die gute Stube glänzt, wie meine Hose oder wie das wahre Glück durch Abwesenheit.

Liebe

Liebe ist eine der gebräuchlichsten Vokabeln im Sprachschatz der Völker, und ist sie auch als Wort nur kurz, so löst sie doch oft lange Aussprachen aus. Diese finden dann meist an einem runden Tisch statt, einem Tisch, der rund und platt ist wie ein Diskus, weshalb man diese Aussprachen auch Diskussionen nennt.

Es gibt viele Dinge, die der Mensch liebt. Zum Beispiel gutes Essen. Er nimmt einen lebenden Hummer und wirft ihn ins kochende Wasser. Dann wird er rot – der Hummer. Eigentlich muß der Mensch rot werden, wenn er sowas tut.

Dann gibt es die Vaterlandsliebe. Es ist ja auch schön, wenn man mit seinem Bund Staat machen kann. Deswegen geht es bei uns manchmal recht bunt zu: blicken wir nach Osten, sehen wir rot; die Roten wiederum sind uns nicht grün, weshalb manche schwarzsehen – also weiß der Himmel: nicht nur in Südafrika, auch in Europa gibt es farbige Probleme.

Wie Sie sehen, ist es bei uns weniger die Rasse als der Russe, der die Risse erzeugt.

Zwei Kröten

Zwei Kröten weiblichen Geschlechts
lustwandeln durch die Heide.
Die eine links, die andre rechts,
und Warzen haben beide.

Doch trotz der Warzen gehen sie
vergnüglich ihrer Wege
und lachen heimlich über die
moderne Schönheitspflege.

Die Schwalbe

Sonst ist die Schwalbe schwer zu zügeln,
dann flitzt sie durch die Atmosphäre.
Doch heute schwitzt sie unter'n Flügeln –
als wenn es noch nicht Frühling wäre!

»Tierische« Ausdrücke

Während der Rekrutenzeit machten auf mich die größten Eindrücke die Ausdrücke meiner Ausbilder, von denen ich hier einige den heutigen Ausbildern der Bundeswehr kostenlos zur Verfügung stellen möchte:

a. Leute mit abstehenden Ohren klar!
b. Sie dämlicher Bock!
c. Sie Giftzahn!
d. Sie vollgerotzte Seemannspfeife!
e. Sie Sch...kerl!

Diese so überaus humorigen Redewendungen sind auch für den zivilen Sektor durchaus brauchbar.

Trost

Immer wenn ich traurig bin,
trink' ich einen Korn.
Wenn ich dann noch traurig bin,
trink ich noch 'nen Korn.
Und wenn ich dann noch traurig bin,
dann trink ich noch 'nen Korn...

... und wenn ich dann noch traurig bin,
fang' ich an von vorn.

Der Tausendfüßler

Herr: Guten Tag! (lacht) Sie wissen wohl nicht, worüber ich lache?

Dame: Nein!

Herr: Ich komme gar nicht darüber weg, ich habe den ganzen Tag wie ein Idiot gelacht!

Dame: Eben, wie denn sonst?

Herr: Das ist die komischste Geschichte, die ich je gehört habe. Setzen Sie sich bitte, Sie sterben vor Lachen! – Also, da war doch dieser alte Noah mit dem langen Bart und der langen Arche. Und alle Tiere waren in der Arche versammelt, zwei von jeder Sorte. Zwei Löwen, zwei Dromedare, zwei Giraffen, zwei Nashörner – und natürlich waren auch zwei Elefanten dabei, der eine war ein...

Dame: ... ein Weibchen!

Herr: Ach, Sie kennen den Witz?

Dame: (gequält) Nein, nein, nein...

Herr: Der ist ja blödsinnig komisch! – Also – es war abends, die Tiere sollten ins Bett. So gingen sie, immer zwei und zwei hinein, um sich schlafen zu legen. Die großen Löwen, die großen Dromedare, die großen Giraffen, die großen Nashörner...

Dame: Sie brauchen nicht alles aufzuzählen!

Herr: Warten Sie, jetzt kommt's ja erst! Also, auch der Elefant hatte sich in sein riesiges Bett gelegt, und er deckte sich mit dem Rüssel zu. Plötzlich hörte er ein Geräusch über sich. Bumm – ging es! Und wieder! Er richtet sich auf und wackelt mit den großen Ohren und legt sich wieder hin. Bumm! — bumst es wieder. Und gleich darauf wieder bumm, bumm, bumm, bumm! Können Sie sich das vorstellen? Der große Elefant, der daliegt und schlafen will und nicht kann, weil es über seinem Kopf immer wieder bumm, bumm, geht.

Dame: Lassen Sie mich raus!

Herr: Aber warten Sie doch, das Beste kommt doch erst! Und wissen Sie, was das war... das war... wie ärgerlich, jetzt komme ich nicht drauf – das war wahnsinnig komisch! Es war ein Insekt... Es fing mit einem R an – nein, mit einem W... Was für Insekten gibt's denn?

Dame: Tun Sie mir einen Gefallen und lassen Sie mich in Ruh! Sonst fahre ich noch aus der Haut!

Herr: Halt, halt! Jetzt weiß ich, was es war! Es war ein Maikäfer, der sich die Hosen auszog!!!

Der Maulwurf

Auf Gottes bunter Erdenkruste
bewegt sich Löwe, Hund und Kalb,
der Maulwurf aber, der bewußte,
bewegt sich weiter unterhalb.
Er kümmert sich nicht um Gerüchte,
bohrt sich sein Loch und denkt nicht viel,
auch sehnt er sich nicht nach dem Lichte.
Was über ihm ist, läßt ihn kühl!

Der Guck-Guck

Der Guck-Guck ist ein Vogeltier,
das weiß man ganz genau.
Kommt er jedoch als Hund zur Welt,
so nennt man ihn Schau-Schau.

Herr Schnabel

Herr Schnabel war als Lohengrin
bemüht, ihn stimmlich zu gestalten.
Als Elsa rief, und er erschien,
da konnt den Schnabel man nicht halten.
Er war der Ritter und der Mann,
kurz, der Vertreter seines Faches,
sowohl als Kämpfer als auch dann
im Inneren des Brautgemaches.
Nachdem er schließlich mit dem Schwan,
laut Textbuch, wieder weggefahren,
da hub das Händeklatschen an
von denen, die zugegen waren.
Nur einer meinte auf dem Rang
zu einem andern Herrn aus Sachsen:
»Der Schnabel, der heut wieder sang,
dem war der Vogel hold gewachsen.«

Sinnsprüche

Es hat keinen Sinn, den Brunnen zuzuschütten, wenn das Kind verbrannt ist.

Man darf im Leben nichts auslassen, außer Butter.

Ich brauche nur Fettgedrucktes zu lesen, und schon nehme ich zu.

Bei manchen Menschen geht alles schnell zum einen Ohr rein und zum anderen raus – die haben auch nicht viel dazwischen.

Wenn der Kragen am Hemd nicht sitzt, handelt es sich häufig um einen Stehkragen.

Solange es Haare gibt, liegen sich die Menschen in denselben.

Das Ei darf nicht klüger sein als Kolumbus.

Bei glatten Straßen muß man sechzehn geben – also doppelt acht.

Sendepause

Eine der schönsten und beliebtesten Sendungen im Rundfunk und Fernsehen ist die Sendepause. Man bedenke: unzählige Techniker sind damit beschäftigt, nichts zu senden. Nichts. Viele Hörer und Zuschauer schrieben begeisterte Briefe mit der Bitte, die Sendepausensendung doch auszudehnen, weil diese die einzige Sendung sei, bei der der Nachbar ruhig aufdrehen könne, ohne daß man selbst dabei durchdreht.

Es gibt freiwillige und unfreiwillige Sendepausen. Eine freiwillige findet werktäglich statt, eine unfreiwillige kann auch sonntags stattfinden und heißt »Technische Störung«. Wer genau hinhört, kann zwischen einer freiwilligen und einer unfreiwilligen Sendepause keinen Unterschied merken. Es gibt eben keinen Unterschied zwischen freiwillig und unfreiwillig. Das werden die alten Soldaten den neuen gern bestätigen.

Adolf Kussmaul

So erinnere ich mich an eine Sendung der letzten Woche, in der plötzlich von einem Kußmaul die Rede war. Empört wollte ich den Kasten abstellen. Dann aber stellte ich fest, daß es sich bei diesem Kußmaul nicht um ein richtiges Kußmaul, sondern um Adolf Kussmaul, 1822 bis 1902, handelte. Er war ein bedeutender Kliniker und der erste, der die Magenpumpe – so oder so – einführte.

Verrat

Spinne, Spinne, spinne du
ruhig weiter, ich schau zu.
Bald kommt eine Fliege dann,
die sich nicht befreien kann,
saugst ihr Blut aus, Glied für Glied.
Wünsch dir guten Appetit!

Fliege, Fliege, fliege nur
ruhig weiter durch den Flur.
Doch die Ecke mußt du meiden,
willst du nicht entsetzlich leiden,
denn dort hängt ein Spinnennetz!
Böse, Spinne, daß ich petz'?

Alterserscheinung

Nicht immer war ich schon so alt –
das machen erst die Jahre.
Die Stirne wuchs, nicht der Verstand,
im Laufe meiner Haare.

Ich hatte großes Glück bei Frau'n –
ja, mir gefiel fast jede.
Man sieht hieraus, wie alt ich bin,
weil ich gern drüber rede...

Vom Hasen, vom Hund, vom Papagei und von der Eule

Nachdem ich mich hier versammelt habe, möchte ich zunächst etwas fallen lassen, nämlich die Bemerkung, daß es leichter ist, den Mund zu halten als eine Rede.
Aber nicht mehr lange! Anschließend möchte ich noch sagen, daß es so gut wie fast wenig einen Sinn hat, die Stirn zu fletschen oder die Zähne zu runzeln; denn was sagte schon Heinrich der Verschleimte in seinem Buch »Na also, sprach Zahnarzt Thustra«: alles im Leben geht natürlich zu, nur meine Hose geht natürlich nicht zu! Ja, früher war ich der Schlanksten einer – aber im Laufe der Haare habe ich mich etwas vermehrt. Nur die Brille habe ich schon immer getragen. Auch nachts trage ich sie, dann sehe ich nämlich besser, was ich träume. Wir Brillenträger sind ja zu Höherem geboren. Deshalb sollte ich Dachdecker werden. Ich wurde aber in einer Apotheke angestellt. Als Brechmittel.
Dann wurde ich Piccolo in einem Restaurant. Und da habe ich mal aus Versehen einer Dame Mayonnaise in den Ausschnitt gegossen. Um das wieder gutzumachen, habe ich einen Löffel genommen und die Mayonnaise wieder herausgeholt. Aber die Dame hatte das nicht gern – mit 'nem Löffel! Also kriegte ich ein paar hinter dieselben. Ich habe eben zuwenig gelbe Rüben gegessen.
Gelbe Rüben sind gut für die Augen. Das sieht man an den Hasen. Hasen essen fast nur gelbe Rüben, und man sieht ganz selten mal einen mit einer Brille.
Aber sonst bin ich Fisch. Ich hatte schon immer Schuppen im Haar, und nun fallen sie mir langsam von den Augen.
Meine Eltern waren zwei Stück. Mein Vater war blödsinnig reich. Er hatte zwei Willen – einen guten und einen bösen. Und dann hatten wir einen Hund, der bellte immer. Und

einen Papagei, der konnte sprechen. Und eine Eule, die konnte nachts gucken. Wenn nun ein Einbrecher kam, dann sah ihn die Eule, weckte den Papagei, und der sagte dem Hunde, daß er jetzt bellen müßte.
Früher war ich ein bel ami. Früher war überhaupt alles besser. Da machte der liebe Gott die Welt aus dem Nichts. Und jetzt macht er sich nichts aus der Welt.
Wenn man so wie ich die dreißig erreicht hat und schon einige Falten die Stirn haben, sich auf dieser zu zeigen, gelüstet es einen nach frischer Luft, um sie zu schnappen. Also hängt man die dumpfe Stube an den Nagel, wirft sich den Hut um die Schultern und eilt hinaus an den Busen der Natur. In Hamburg, wo ich herkomme, ist er ja ziemlich platt. Deshalb gibt es dort auch so viele Plattdeutsche.
Man muß nicht immer nach Italien reisen, in das Land der Pomeronen und Zitranzen. Schließlich ist Rom ja auch nicht an einem Tage von der Wölfin gesäugt worden!
Gibt es etwas Schöneres als einen Eichenwald? Mit einem Gefühl betritt man denselben. Gleich links steht ein Pilz. Aber ich mag kein Bier. Also lasse ich ihn links stehen oder liegen und gehe langsam weiter. Aber auch nicht zu langsam, denn sonst wuchert einem Efeu um die Füße, und dann kann man schwer gehen.
Neulich war ich sogar in Spanien. In Spanien gibt es blödsinnig viele Stiere. Die müssen dort direkt bekämpft werden. Die Stierkämpfer heißen dort Trokaderos. Und schon der alte Zeus, dem seine Frau Juno, dick und rund, bereits Hörner aufgesetzt hatte, hatte sich eines Tages als Stier verkleidet und die damals noch junge Europa so notwendig angestiert. Er machte großen Eindruck auf sie. Er war ja kein Ochse. Deshalb ließ sie sich von ihm mitnehmen. Und seitdem macht Europa einen etwas mitgenommenen Eindruck.

Meine Tante

In dem Land, wo die Fakire
tagelang auf Nägeln sitzen,
und wo ziemlich wilde Tiere
durch den dichten Urwald flitzen,
und wo Elefanten leben,
hat man selten Tanten leben.
Meine aber wohnt in Indien,
und von ihr will ich verkündien.

Sie bewohnt dort eine Villa,
die die Palmen ganz verdecken.
Neulich kam mal ein Gorilla,
meine Tante zu erschrecken.
Aber als er sie gefunden,
kriegt *er*'n Schreck — und war verschwunden!
Reize hat sie nicht, 's ist richtig,
aber Geld, und das ist wichtig.

Abends badet um halb sechse
sie im Quell, sich zu erquicken,
und die tropischen Gewächse
schützen sie vor fremden Blicken.
Mit des Quells geduld'gen Wellen
wäscht sie sich an allen Stellen,
hüllt sich dann in weißes Linnen,
niest ganz kurz und geht von hinnen.

Die Gans
(lat. gansis schnatterensis)

Die Gans ist das wichtigste Haustier und noch über den Hund zu stellen! Man braucht nur einmal zu beobachten, wie die Gans sich benimmt, wenn ein Fremder das Gehöft betritt. Mit gesenktem Haupt, dem Stier vergleichbar, stürzt sie mit furchtbarem Geschnatter auf den Fremdling, so daß er fluchtartig die Flucht ergreift. Nun gut, das tut ein Hund auch. Aber man bedenke, wenn irgendwas von oben kommt! Nur eine Gans ist in der Lage, den Feind bis hoch in die Lüfte zu verfolgen, um ihn dort, falls sie seiner habhaft wird, in der Luft zu zerreißen. Das kann kein Hund... Und dann! Man erinnere sich nur an die heroische Tat der Gänse, als sie in USA, in Washington, das Capitol retteten. Trotz der nationalen Tat der Gans wird ihr in USA nicht die Achtung gezollt, der sie wert wäre. Die undankbaren Amerikaner haben vielmehr ihr Herz an den Truthahn gehängt, der zwar auch sehr wachsam ist, dem man aber eine ähnliche heroische Tat nicht nachweisen kann.

Jetzt muß ich leider auf eine Barbarei hinweisen, die ein schlechtes Licht auf einige Mitmenschen wirft: es soll doch tatsächlich vorkommen, daß einige, denen die Gans soviel Gutes erwiesen hat, diesen Vogel schlachten und dann dessen Fleisch gebraten essen!

Vögel

Vögel sind, so steht's im Brehm,
Tiere, welche fliegen,
singen meistens angenehm
und sind schwer zu kriegen.
Fliegen ohne Unterlaß,
auch bei größter Hitze,
wär ich Vogel, ließ ich das,
weil ich so leicht schwitze.

Der Igel

Der Igel sprach zur Igelin:
»Du weißt nicht, wie verliebt ich bin!
Ich liebe dich wie nichts so.«

Dann drückte er sie fest an sich,
worauf sie schrie: »Auch ich lieb' dich,
doch laß das sein, du stichst so!«

Sinnsprüche

Viele Menschen lassen gute Ratschläge links im Papierkorb liegen, den man ihnen höher hängen sollte.

Es lohnt sich nicht, sich an einen Strohhut zu klammern.

Frieden auf Erden – hoffentlich wird es keinen Zaun mehr geben – von dem man einen Streit brechen kann.

Der liebe Gott hat das Gras nicht wachsen lassen, damit man in dasselbe beißt.

Man muß im rechten Augenblick die Gelegenheit bei der Hand fassen und seinen Schwiegerpapa um den Schopf seiner Tochter bitten.

Manche Hab- und Gutseligkeiten sind nur ein Tropfen auf den hohlen Zahn.

Viele Menschen scheinen aus dem linken Bett zuerst aufgestanden zu sein.

Eine schöne graue Katze

Herr: Sagen Sie mal, was war denn das da draußen für ein Säugetier, auf das ich soeben stieß?

Dame: Das war eine Katze.

Herr: Das war aber eine schöne graue Katze.

Dame: Das war ja auch *meine* Katze!

Herr: So, Sie haben eine Katze?

Dame: Ja, ich habe eine Katze!

Herr: Bellt sie manchmal?

Dame: Aber meine Katze bellt doch nicht!

Herr: Das kann ich ja nicht wissen – ich habe sie doch eben erst kennengelernt.

Dame: Ich halte die Katze der Mäuse wegen.

Herr: Ach, Sie haben Mäuse?

Dame: Nein, ich habe keine Mäuse.

Herr: Ich denke, Sie haben Mäuse?

Dame: Nein, seit ich die Katze habe, habe ich keine Mäuse mehr!

Herr: Dann brauchen Sie doch auch keine Katze!

Dame: Ach, ich habe mich so an das Tierchen gewöhnt.

Herr: Es ist wohl noch sehr jung?

Dame: Nein, die Katze ist schon alt!

Herr: Ach, deshalb ist sie auch so grau.

Dame: Aber nun mal was ganz anderes — wie geht es eigentlich Ihrer Katze?

Herr: Ich hab ja gar keine Katze.

Dame: Wieso denn nicht? Als ich neulich bei Ihnen war, da lag doch eine Katze am Ofen und schnurrte?

Herr: Das kann nicht sein, ich habe wohl einen Ofen, aber keine Katze.
Dame: Aber da lag doch eine Katze – ich bin doch nicht blöd!
Herr: So?
Dame: Ich werde doch wohl noch unterscheiden können, ob das, was da am Ofen lag und schnurrte, eine Katze war oder ein Staubsauger!
Herr: Aber ich habe keinen Staubsauger!
Dame: Also schön, es war also eine Katze…
Herr: Nein, es war ein Kater!

Don Quichote und Rosinante

Alle Völker hatten ihre Nationalhelden. So hatte zum Beispiel Amerika den Washington, die Schweiz den Wilhelm Tell, Frankreich den Napoleon, Deutschland hatte den... ach, jetzt habe ich seinen Namen vergessen. Spanien hatte den Don Quichote und der das Pferd Rosinante. Ich bin dafür, ihn auf gut deutsch den Ritter von der traurigen Gestalt zu nennen, eine Bezeichnung, die uns Deutschen im Hinblick auf unseren letzten Nationalhelden am besten liegt. Über diesen rätselhaften Ritter gab es neulich einen Vortrag, der dieses Thema so erschöpfend behandelte, daß Don Quichote selbst kaum erschöpfter sein konnte, nachdem er seinen Kampf gegen die Mühlen hinter sich hatte. Nach neuesten Forschungen führte er diesen aussichtslosen Krieg deshalb, weil die damals nur dunkles Mehl lieferten und das helle für sich behielten.

Pferde und Cowboys

Man kennt viele Arten von Rosen. Die bekanntesten sind die Teerosen. Dann gibt es aber auch noch die Neurosen – und vor allem – die Windrosen. Letztere sind in vier Himmelsrichtungen eingeteilt – in den sonnigen Süden, den rauhen Norden, den fernen Osten und den wilden Westen.
Über den sonnigen Süden ist schon sehr viel gesagt worden, über den rauhen Norden ist nicht viel zu sagen, und über den Osten schweigen wir lieber.
Reden wir also über den wilden Westen! Zumal der die Eigenschaften der übrigen drei Himmelsrichtungen in sich vereint: der wilde Westen ist sonnig, rauh in seinen Sitten und so fern, wie wir uns den Osten manchmal wünschen.
Die bekannteste Gegend des wilden Westens ist die Prärie. Sie ist völlig eben, und das ist es eben.

Pferderennen

Wenn Sie, liebe Leser und Leserinnen, morgen früh das Bett verlassen, um sich erst einmal warm anzuziehen und sich dann eventuell sogar noch zu waschen, so vergessen Sie um Gotteswillen nicht, sich mit dem rechten Bein zuerst auf den Boden der Tatsachen zu stellen. Denn morgen – schauen Sie auf den Kalender – ist ein schwarzer Tag. Der 13. Der 13. Februar. Die sehr Abergläubigen mögen sich einreden, es sei der 44. Januar – denn so könnte man es auch sagen, und gegen die Vier hat niemand was, selbst wenn sie doppelt auftritt.

Anders ist es mit der Sieben.

Einst sah mal einer im Traum eine große Sieben. Er ging daher am 7. 7. zum Pferderennen. Und setzte im siebten Rennen sieben Mark auf das Pferd Numero 7.

Das Pferd ist tatsächlich als 7. durchs Ziel gegangen. So kann einem die Sieben alles versieben.

Sinnsprüche

Möge der Himmel seine Geigen über alle Glücklichen ausschütten.

Man darf im Leben weder sich noch Verdacht erregen.

Manchmal hilft nur noch: Zähne hoch und den Kopf zusammenbeißen.

Vorläufig habe ich noch keine Lust, ins bessere Jenseits zu beißen.

Ich kann keinen Wurm krümmen, der mir am Herzen nagt.

Wenn ich Käse esse, lasse ich die Made links liegen.

Ich lasse mich nie weit- und breitschlagen.

Gerichtsvollzieher sind wie kleine Kinder: was sie sehen, wollen sie gleich haben.

Onkel Harry

Onkel Harry wohnte im achten Stock, weil im siebten schon jemand anders wohnte.
Er hatte eine schöne Wohnung – mit Zimmern drin und Wänden an den Seiten.
Es grenzte aber nicht nur ein Zimmer an das andere, sondern schon fast an Wahnsinn, wie viele Bilder seine Nägel zierten. Auch schöne Radierungen hatte er – besonders in den Geschäftsbüchern, wie er oft scherzhaft zu bemerken liebte.
Von seiner Frau, meiner Tante Luise, sagte er immer, ihre Eltern hätten, als sie noch ein Baby war, sehnsüchtig darauf gewartet, daß sie endlich sprach – nun wartete er ebenso sehnsüchtig darauf, daß sie endlich einmal damit aufhöre!
Alle liebten Onkel Harry, weil er humorvoll war, und unzählbar waren seine Freunde, solange er Geld besaß.
Bevor er völlig verarmt in seinem Rauchzimmer – er nannte es so, weil dort der Ofen immer so rauchte – starb, schrieb er doppelzüngig in sein Tagebuch: »Ich hatte mehr Freunde, als ich verdiente...!«

Rolf und Heinz I

Rolf: Wo waren Sie denn?
Heinz: Auf dem Mond!
Rolf: Wo waren Sie?
Heinz: Auf dem Mond!
Rolf: So, so!
Heinz: Ja, ja!
Rolf: Waren Sie ganz allein da oben?
Heinz: I wo. Ich habe dort eine Menge bekannter Gesichter getroffen!
Rolf: Wen denn zum Beispiel?
Heinz: Eine Menge Politiker!
Rolf: Aber das ist doch nicht möglich?
Heinz: Warum? – Die meisten von Ihnen leben doch heute auf dem Mond…!

Rolf und Heinz II

Rolf: Ach, das hätte ich fast vergessen: dieses Telegramm wurde für Sie abgegeben!

Heinz: Nun, dann will ich es schnell lesen! (liest) Gratuliere, gesunder Stammhalter angekommen!

Rolf: Herzlichen Glückwunsch! Sie können es natürlich nun nicht erwarten, den Jungen zu sehen!

Heinz: Das auch – aber vor allem will ich den Vater kennenlernen!!!

Rolf und Heinz III

Rolf: Ist es wahr, daß Sie neulich in Monte Carlo 100.000 Franc gewonnen haben?

Heinz: Ja, das stimmt!

Rolf: Da gratuliere ich aber!

Heinz: Danke! Nur es war nicht in Monte Carlo, sondern in Travemünde! Und dann waren es auch nicht 100.000 Franc, sondern 100 Mark!

Rolf: Na, das ist aber auch ganz schön!

Heinz: Das finde ich aber auch! Und dann habe ich sie nicht gewonnen, sondern verloren. Aber sonst stimmt's!!!

Rolf und Heinz IV

Heinz: Wie geht es eigentlich Ihrer Frau?
Rolf: Danke! Und Ihrer?
Heinz: Meiner auch!
Rolf: Das freut mich – – – und besonders meine Frau wird sich freuen!
Heinz: Wenn Sie erst wüßten, wie es mich und meine Frau freut, daß es Sie und Ihre Frau freut!
Rolf: Das freut mich!
Heinz: Mich auch!

Sinnsprüche

Ich rede mir nicht ein, den Stein der Weisen wachsen zu hören.

Jeder sollte sein eigener Hirte sein – jeder sollte sich hüten, und zwar davor, daß einem die anderen das Fell über die Ohren hauen.

Manchmal kommt man mit einem blauen Auge davon, das man einem anderen geschlagen hat.

Es darf kein Äußerstes geben, zu dem wir nicht entschlossen wären, und keine Lauer, auf der wir nicht lägen.

Raphael wäre auch dann ein großer Maler geworden, wenn er ohne Ölfarben auf die Welt gekommen wäre.

Ein blindes Huhn bekommt auch mal ein Gerstenkorn und hat dann keine Lust, die Flinte in dasselbe zu werfen.

Der Affe
(lat. apis modernicus)

Im Gegensatz zu einer verbreiteten Auffassung stammt der Affe vom Menschen ab, was an seiner fortschrittlichen Haltung unschwer zu beweisen ist.

1) Der Affe ist schon vor geraumer Zeit wegen der Umweltverschmutzung und ihrer Folgen auf die Bäume geflüchtet. Von den Baumwipfeln herab hat er eine prächtige Fernsicht.

2) Der Affe bedient sich bei der Fortbewegung auch der Arme. Auch er hat erkannt, daß sich bei der Benutzung aller vier Bewegungsgliedmaßen die Sprungkraft und die Schnelligkeit verdoppeln.

3) Der Affe verzichtet aus Gründen der Menschlichkeit seit langem auf Fleischnahrung. Durch seine rein vegetarische Kost benötigt er keine Schlachthöfe mehr und erkrankt auch nicht an den Spritzen und Giften, die den Schlachttieren kurz vor ihrem gräßlichen Tod verabreicht werden.

4) Der Affe führt auch keine Kriege mehr, seit er dem Christentum abgeschworen und sich Allah zugewandt hat. So tötet er nicht nur nicht seine Mitaffen, sondern betreibt Vielweiberei, um damit ein Anwachsen der alten Jungfern zu verhindern.

Es ist nur zu wünschen, daß der Fortschritt vom Menschen zum Affen auch weiterhin so stetig bleibt.

Urlaubstiere

Ich war im Süden in Urlaub. In Südlappland. Da ist es noch billig. Ich hätte ja auch in den Norden fahren können – nach Norditalien. Aber Lappland ist billiger! Besonders die Schönheitspflege ist billig. Sie brauchen nur ein Stück Seife mitzunehmen – Lappen gibt es dort genug. Und Mücken! Sie umstreichen einen dort zu Tausenden, ja zu Hunderten. Aber ein Mückenstich ist nicht so hochgestochen, sondern findet meist unten an der Wade oder am Knöchel statt. Auch geht er mehr unter die Haut.

Übrigens war ich auch schon einmal am Mittelmeer. Und dort hatte ich keine Mittel mehr. Ich bin also vom Mittelmeer zurückgekommen – ich war an der Riviera. Herrlich! Das Meer reicht genau bis zum Ufer.

Als ich von der Riviera zurückfuhr, benutzte ich natürlich die Eisenbahn, obwohl ich gar keinen Zug vertrage. Ich hatte auch bald einen steifen Nacken, besonders an der Stelle, wo sonst mein Schalk sitzt.

Ich mußte laut Eisenbahnkonkursbuch in Bebra umsteigen. Das tat ich auch, denn was sollte ich im leeren Zug sitzenbleiben, die Lok hatte man schon abgehängt. Ich stieg also um. Da kam der Mann mit der roten Mütze, hob die Fliegenklatsche hoch, und der Zug setzte sich in Bewegung und ich mich hin. Und was sahen meine entzündeten Augen? Mir gegenüber saß ein Scheich, mit Turban. Ich sagte: »Alaaf! Sie fahren sicher nach Köln zum Karneval?« »Nein«, sagte er, »ich sehe immer so aus, ich bin der regierende Fürst von Hamudistan.«

Verdrehte Welt

Während die Schwarzen die Busen verhällen,
zeigen wir alles, was nötig zum Stillen.

Wodurch auf der Zunge die Frage uns prickelt,
wer ist denn nun eigentlich unterentwickelt?

Der ewige Kreislauf

Wie entsteht eigentlich eine Rede? Zunächst hascht man sich einen Gedanken. Das dauert oft länger, als einem lieb ist. Hat man ihn dann endlich, ist er nackt und bloß; deshalb muß man ihn kleiden, und zwar in Worte. Nun beginnt man im Laufe der Rede, Worte zu verlieren. Schließlich fehlen sie einem, und dann muß man nach den Worten suchen, bis man welche gefunden hat. Hat man endlich wieder Worte gefunden, gehen sie einem auf's Neue verloren usw. usw...

Ein ewiger Kreislauf ist so eine Rede, und ihre Länge steht oft in keinem Verhältnis zu der Länge ihrer Gedanken.

Der Leu und die Gazelle

Durch die Wüste schreitet der Leu,
blickt sich um, als wär er hier neu,
brüllt!

Schreckerstarrt verharrt die Gazelle,
die den Durst an schattiger Stelle
stillt!

Dann entfernt sich der Löwe nach Norden,
keiner weiß, was aus ihm geworden.
Die Gazell' aber rennt nach Westen –
das war für sie auch am besten...

Dort bin ich

Wißt ihr, wo ihr mich stets im Urlaub find't?
Nur immer dort, wo frohe Menschen sind!
Wo auch mal Wind die Birkenbäume biegt,
und man auch sonntags frische Brötchen kriegt!

Alte Weisheit

»'s ist schlimm, wenn man alt wird«, das Alter spricht,
»aber schlimmer ist es, man wird es nicht!«

Was duftet da?

Was duftet da in Wald und Feld,
daß man ganz dicht die Nas' hinhält?

Was klingelt da in Feld und Wald,
daß es bis ganz nach hinten schallt?

Was leuchtet da so leuchtend weiß?
Wie's heißt? Ich weiß: Glöckchen des Mai's!

Baltische Aufforderung

Schatzchen! Komm mit mir auf Wiese,
Sonnchen strahlt und Blume sprießt!
Übern Arm nimm Schirm und Mantel,
falls der Fall kommt, daß es gießt!

Unter uns wird Mantel liegen,
unterm Schirm, da werden wir!
Keiner kann dann nichts was hören,
was ich sag – und was du mir...

Affig

Was uns vom Affen unterscheidet,
ist nur der Fakt, daß man sich kleidet.
Warum man sonst Textilien macht,
das hat noch keiner rausgebracht.

Wenn's Publikum zu lachen liebt,
lacht's oft, wo's nichts zu lachen gibt.
Warum es jetzt zum Beispiel lacht,
das hat noch keiner rausgebracht.

Der Löwe
(lat. leonides prankmähnus)

Die Freundin vom Löwen heißt Löwenzahn. Der Löwe trägt eine riesige Mähne, während sie nur wenig behaart ist.

Der Löwe ist ein sehr zahlreiches Tier, denn man sieht ihn in jedem Zoo. Dort bewohnt er meist ein prächtiges Appartement, so daß man hier dem typischen Salonlöwen gegenübersteht.

Der Löwe fällt in der Wüste kaum auf, weil er auch gelb ist. Die Ein-, Zwei- oder gar Dreigeborenen fangen ihn, indem sie ein Schild vor ihre Dörfer stellen, auf dem in arabischer oder schwarzer Sprache steht: Eintritt für Löwen verboten! Nun kann der Löwe aber nicht lesen!

Der Löwe oder auch Leu besitzt einen guten Leumund. Es fällt ihm nicht schwer, ganze Ochsen in ihm wegzutragen.

Der Löwe lebt im schwarzen Erdteil. Er ähnelt sehr unserer Hauskatze. Nur wird er einige Nummern größer als diese, was kein Wunder ist, denn Afrika ist ja größer als unser Europa.

Sinnsprüche

Auch der Erlkönig von Thule wußte nicht, wie das Wasser hieß, an dem der Fischer saß und die Fische aus den Angeln hob.

Ich bin kein Ehrgeizhals.

Ich sehe schwarz, wenn ein blauer Brief kommt.

Viele Menschen haben sich ihre eingebrockte Suppe selbst zuzuschreiben.

Ein Stabhochspringer ist kein Hochstapler und eine Hebamme keine Empfangsdame.

So mancher will Berge versetzen und landet im Leihhaus.

Der schläft gut, der nicht weiß, wie schlecht er schläft.

Noch zwei Tage und das Morgen hat vor 24 Stunden begonnen.

Bin ich verliebt?

Gestern nacht war Wetterleuchten,
und wir saßen an dem Strand,
und die Wellen rauschten leise,
und ich drückte ihr die Hand.
Und dann wollt' ich etwas sagen,
und ich sah ihr ins Gesicht,
und da konnt' ich es nicht sagen,
nein, ich konnt' es nicht!

Bin ich verliebt? Vielleicht auch nicht!
Vielleicht auch doch, kann sein, vielleicht!
Warum vielleicht? Vielleicht bestimmt?
Vielleicht auch nicht, vielleicht?

Jeden Morgen schmeckt mir der Kaffee
ganz besonders fein,
aber heute, weiß der Teufel,
wollt' er gar nicht recht herein.
Auch der Duft der Zigarette
ist mir gar nicht angenehm,
und in dem sonst weichen Bette
schlief ich unbequem!

Bin ich verliebt? Wieso verliebt?
Vielleicht auch nicht, vielleicht auch doch!
Kann sein vielleicht, warum vielleicht?
Vielleicht bestimmt!

Sagen Sie mir, meine Herren,
im Vertrauen: ist das so,
daß, wenn man in wen verliebt ist,
man mehr traurig ist als froh?
Sagen Sie mir, meine Damen,
war es dumm, daß ich nicht sprach,
wo sie doch am Meeresstrande
dicht daneben lag?

Bin ich verliebt? Und wenn, bestimmt!
Warum vielleicht? Es kann doch sein!
Vielleicht auch nicht. Vielleicht auch doch,
vielleicht!

Ankunft in Frankfurt

Fast zu jeder Jahreszeit,
ob es warm ist oder schneit,
findet in der Messestadt
Frankfurt eine Messe statt...

So könnte ich ja weiterreimen – ob das aber in Frankfurt ankommt?

Die sicherste Chance, in Frankfurt nicht anzukommen, ist die Benutzung der Mannheimer Autobahn. Im Flugzeug wiederum schwebt man zwar über den Dingen, doch ist es kein erhebendes Gefühl, wenn man wegen des Nebels nicht landen kann. Also kommt man am besten mit der Bahn an.

Frankfurt garantiert für jedermann einen »großen Bahnhof«, der – und das ist das Originelle an ihm – genau da liegt, wo die Gleise aufhören.

Sehr treffend ist Frankfurts Postleitzahl: 6.

Übrigens: Sex findet man in jeder Menge, besonders um den Bahnhof herum.

Der Frosch

Direktor: Was haben Sie denn auf dem Herzen?
Herr: Auf dem Herzen hab' ich nichts! Aber unterm Arm hab' ich was!
Direktor: Und was haben Sie da?
Herr: Ein Stück!
Direktor: Ein Stück?
Herr: Ja, ein starkes Stück!
Direktor: Was ist denn das für'n Stück?
Herr: Ein Theaterstück!
Direktor: Was Klassisches?
Herr: Nein, was Erstklassisches! Es ist von mir!
Direktor: Ach, du lieber Gott!
Herr: Ja! Ich lese es Ihnen mal vor.
Direktor: Sie sind wohl verrückt geworden, was? Dafür habe ich jetzt keine Zeit...
Herr: Es sind ja bloß fünf Akte.
Direktor: Aber das ist unmöglich – machen Sie, daß Sie rauskommen!
Herr: Sagen Sie mal – weiß Ihre Frau eigentlich, wo Sie vorgestern abend waren?
Direktor: Also schön, lesen Sie!
Herr: Das Stück heißt »Der freudlose Weg« oder »Ei, ei, wer tommt denn da?«. Ein Trauerspiel in fünf Akten.
Direktor: Ich mache Ihnen einen Vorschlag: kommen Sie morgen.

Herr: Personen der Handlung sind
Friedrich Barbarossa,
Gottfried Barbarossa,
Klara Barbarossa,
Egon von Hohenstauffen,
Klein-Siegfried von Hohenstauffen,
Hug-Dietrich von Hohenstauffen,
Otto von Habsburg,
Wilhelm von Habsburg,
Rüdiger von Habsburg.
Dazu Frauen, Kinder, Greise und einige ältere Leute. Ort der Handlung: Meeresküste. Im Hintergrund das Meer. Rechts und links noch mehr Meer. Die ersten drei Akte spielen um 1700 und der vierte vor dem fünften.

Direktor: Morgen früh...

Herr: Beim Aufgehen des Vorhangs befinden sich folgende Personen auf der Bühne: Friedrich Barbarossa, Gottfried Barbarossa, Klara Barbarossa, Egon von Hohenstauffen, Hug-Dietrich von Hohenstauffen, Otto von Habsburg, Wilhelm von Habsburg, Rüdiger von Habsburg, Klein Siegfried...

Direktor: ... von Habsburg!

Herr: Nein, von links – zu Friedrich Barbarossa: Onkel Friedrich, fang mir einen Frosch! Nein, Klein-Siegfried, ich fang dir keinen Frosch! Klein-Siegfried zu Gottfried Barbarossa: Onkel Gottfried, fang mir einen Frosch! Nein Klein-Siegfried, ich fang dir keinen Frosch...

Direktor: Um Himmelswillen, wann fängt man ihm denn endlich einen Frosch?

Herr: Das kommt im dritten Akt!

Direktor: Das ist ja furchtbar! Bitte hören Sie auf!

Herr: Weiß Ihre Frau, wo Sie vorgestern abend waren?

Direktor: Lesen Sie, bitte lesen Sie!

Herr: Klein-Siegfried zu Hug-Dietrich von Hohenstauffen: Onkel Hug-Dietrich, fang mir einen Frosch! Nein, Klein-Siegfried, ich fang dir keinen Frosch! Warum, Onkel Hug-Dietrich, fängst du mir keinen Frosch? Ich werde dir morgen einen Frosch fangen, Klein-Siegfried! Warum fängst du mir denn heute keinen Frosch? Weil ich dir erst gestern einen gefangen habe...

Direktor: Das ist ja Irrsinn! Das ist Wahnsinn! Erzählen Sie meinetwegen meiner Frau, wo ich vorgestern abend war!

Herr: Ja, wo waren Sie denn eigentlich???

Sinnsprüche

Wenn der kleine Zeiger des Thermometers auf dreißig Grad zeigt, liegt der Hund oft im Pfeffer.

Manchen Menschen ist die Schlacht bei Salamis die Wurst gleichen Namens.

Ich reibe mir Morpheus Arme aus den Augen, werfe mir den Hut um die Schulter und lebe sinnlos mäßig.

Seien Sie nicht so kindisch, Albermann!!!

Es ist nichts so fein gesponnen, wie es gekocht wird.

Ich bin kein Häkchen, das Sie beizeiten krümmen können.

Er war mein Wider- und immer Wiedersacher.

Besser eine Stumme im Bett, als eine Taube auf dem Dach.

Ich kann sie nicht beschreiben – sie ist unbeschreiblich.

Der G-Sketch

Mitwirkende: Die Ehefrau (Sie), der Ehemann und der Hausfreund (Er).

Er:	Geliebte!
Sie:	Geliebter!
Er:	Günstige Gelegenheit! – Gatte ging!
Sie:	Getränk gefällig!
Er:	Genialer Gedanke!
Sie:	Glas Grog!
Er:	Gern!
Sie:	Gesundheit!
Er:	Gleichfalls! – Gutes Gesöff!
Sie:	Glücklich?
Er:	Gewiß! (Kuß)
Sie:	Geht ganz gut, gell?
Er:	Gib Gas! (Kuß)
Ehemann	(kommt): Genug gesehen! Große Gemeinheit!
Sie:	Guter Gemahl!
Er:	Gespräch ganz geschäftlich!
Ehemann:	Glaube gar nichts! Greife Gewehr!
Sie:	Gnade! Gütiger Gatte!
Er:	Gerhard! Genosse!
Ehemann:	Geh! Gangster! (schießt)
Er:	Gesäß getroffen!

Ein Vorschlag

Es wird gehämmert und gebohrt,
gebuddelt und gegraben:
sie wollen unsre Straßenbahn
unter die Erde haben!

Dabei wäre es gut – vielleicht –
wenn man, bei aller Liebe,
die gute alte Straßenbahn
nun endlich ganz begrübe.

Fernsehen

Damit man sähe, was man höre,
erfand Herr Braun die Braunsche Röhre.

Wir wär'n Herrn Braun noch mehr verbunden,
hätt' er was anderes erfunden.

Eine Dichtung in altdeutsch

Hebet die Pokale!!!

Ritter Kunibert
Clothilde, sein Weib
Ritter Geierblick
Der Page
Johann
Die Mannen

Ort: Bei Ritter Kunibert

Zeit: Mittelalter

Dieses Werk gibt es mit Musik.
Sie werden sicher dafür Verständnis haben, daß es nachstehend ohne dieselbe erscheint.

Kunibert: Gieße ein!

Mannen: Stoßt an!

Kunibert: Und hebet die Pokale! – Nur Maß halten! Des Menschen größte Tugend ist die Mäßigkeit! Denn hinfort mit dem Humpen funkelnden Weins! Man bringe mir einen Apfelsaft!

Mannen: Ein Apfelsaft!

Kunibert: Johann!

Johann: Herr Baron wünschen?

Kunibert: Rapport!

Johann: Laut Herrn Barons Dispositionen ist für heute präzise 12 Uhr 25 ein Raubüberfall auf die Karawane des Spediteurs Meier vorgesehen, welche laut eben erhaltener Meldung die Chaussee bei der Burg gegen halb 13 Uhr passieren dürfte!

Kunibert: O. K.! O käme doch der Apfelsaft! (Page mit Apfelsaft)

Mannen: Der Apfelsaft!

Kunibert: Prost! (trinkt)

Page: Mit Verlaub, erlauchter Herre, die Herrin naht und bittet, Euer Liebden sehen zu dürfen!

Kunibert: Mein teures Weib?

Page: Ihr sagt es, Herre!

Kunibert: Ich gestatte meinem Weib, mich auf kurze Zeit zu belästigen!

Page: Es naht edle, minnigliche milde, Euch angetraute Frau Clothilde! (Clothilde tritt auf)

Kunibert: Nun liebes Kind, du willst wahrscheinlich wieder Wirtschaftsgeld von mir?

Clothilde: Mitnichten, mein Gebieter! Ich habe von gestern noch fürs heutge Abendbrot vom Wildschwein, das Ihr auf der Sauhatz gestern habt, erlegt!

Kunibert: Wenn das nur langt? Heut kommt mein lieber Nachbar und Zechkumpan, der Edle von Geierblick, zu einem Schnäpschen!

Clothilde: (erschreckt und erfreut zugleich) O Herre, was hört mein Ohr!!!

Kunibert: (ahnt was) Als du den Namen Geierblick gehört, warum hat sich dein Antlitz rot geforben?

Clothilde: (für sich) Schweig still, mein Herz, der Lüge fremd! Verrat mich nicht, mein glühend Antlitz (zum Gatten) Mein Held und Ritter, glaube mir, der Wangen Purpur galt nur dir! O zweifle nicht eines Weibes Treue!

Kunibert: Clochen! Eines Ritters Augen sehen scharf wie die des Falken! Wenn der von Geierblick erscheint, dann rötet sich dein Antlitz! Bewahr die Treue Weib, sonst dreh ich dir den Kragen um!

Clothilde: Mein Held und Ritter, glaube mir, mit meinem Ei, mit meinem Ei, mit meinem Eide schwör ich's dir!

Kunibert: Was gilt schon eines Weibes Eid?!

Clothilde: Zu schwören bin ich gern bereit! (durch die Mitte ab)

Mannen: Es naht der edle Geier, es naht der edle Blick, es naht der edle Geierblick! (Geierblick kommt)

Kunibert: Willkommen, edler Recke!

Geierblick: Danke gleichfalls!

Kunibert: Nimm Platz, mein Freund und Nachbar!

Geierblick: Danke gleichfalls!

Kunibert: Was gibt es Neues? Wie geht es?

Geierblick: Soso, lala! Hast du denn heute schon was geraubt?

Kunibert: Ich erhob mich eben erst vom Lager! – Johann!

Johann: (eilt herbei) Herr Baron wünschen?

Kunibert: Bring Wein her!

Geierblick: Am frühen Morgen Wein, das frommt mir nicht! Am frühen Morgen Wein, bekommt mir nicht! (Page gießt ein)

Kunibert: Stoß an!

Geierblick: Ich kann nicht! Ich mag so früh am Tag ihn nicht! (Clothilde tritt auf)

Johann: Herr Baron, erlauben Sie die Kurzweil zu stören, aber es ist Zeit, zum geplanten Raubüberfall auf die Karawane des Spediteurs Meier aufzubrechen!

Mannen: Mir nach!!! (ab)

Kunibert: Mir nach!!! (ab, alle gehen außer Geierblick und Clothilde)

Geierblick: Endlich allein!

Clothilde: Ich fühle, wie ich schwach werde!

Geierblick: Werde schwach, mein Engel, und fall in meine Arme, die dich bebbernd erwarten! Ich liebe dich!!!

Clothilde: Ich liebe dich!!!

Geierblick: Ich liebe dich!!!

Clothilde: Ich liebe dich!!!

Kunibert (erscheint): Buhlerisches Weib!!! In seinen Armen!!! Dirne!!! Meine Ahnung!!!

Clothilde: Jetzt ist es aus! Der schöne Traum geträumt! Des Lebens Freuden, ach sind karg bemessen! Clothilde, scheid von dieser Welt! Ein Sprung vom Felsen – und du bist hinüber!!! (stürzt sich hinab)

Geierblick: Jetzt ist sie unten angekommen –

Johann: Achtung!

Mannen: (Mannen auf): Fertig!

Johann und Mannen: Los!!! (Kunibert und Geierblick fechten. Kunibert fällt)

Kunibert: Verdammtes Schwert, es traf mich eben! Doch schwächer werden Herz und Lunge – Junge – Junge – (stirbt)

Johann: Achtung!

Mannen: Fertig!!!

Johann und Mannen: Los!!! (Page und Geierblick fechten. Geierblick fällt)

Geierblick: Weh mir! Ich fühle mich getroffen!!! Der Bube traf mich, ich gesteh es offen!!! Ich werd mich jetzt verfärben und sterben!!! Bye – Bye – (stirbt)

Johann: Achtung!!!

Mannen: Fertig!!!

Johann und Mannen: Los!!!

Page: Ein Stich, ein Loch – och – Nun bin ich tot so wie noch nie – Verzeiht mir, wie ich euch verzieh – (ersticht sich)

Mannen und Johann: Doch wir, die wir noch leben,
wir wolln jetzt einen heben!!!
Gieße ein!!!
Stoßt an!!!

Und hebet die Pokale!!!

Ende

Sinnsprüche

Die Hüter des Gesetzes schreiten manchmal aus, wenn sie einschreiten.

Nur ein Hund freut sich, wenn ihm etwas vorgeworfen wird.

Das Einzige, das man sich jederzeit nehmen darf, ohne danach sitzen zu müssen, ist Platz.

Weder vergoß ich Gelächter, noch hielt ich mir den Bauch vor Tränen.

Manchmal lehne ich mich völlig ab.

Viele Bemerkungen sind nicht aus der besten Luft gegriffen.

Wenn es heißt: biegen oder brechen, so ist ersteres immer vorzuziehen.

Wer nicht auf seinen Lorbeeren ausruht, hat sie an der falschen Stelle.

Das Hausschwein im Paradies

Die Dicken sind es, die sich seit Julius Cäsar, der bekanntlich eine Schwäche für starke Männer hatte, größter Wertschätzung erfreuen, weil sie gutmütig, hilfreich und freundlich sind. Man sollte deshalb manchem Beamten eine Schwerstarbeiterzulage bewilligen, nicht, weil er schwer arbeitet, sondern aus dem anderen Grunde.

Nehmen wir zum Beispiel die Schlange. Sie ist lang und dünn und kann sehr giftig sein, einerlei, ob man sie im Walde antrifft oder vor einer Kasse im überfüllten Selbstbedienungsladen.

Wieviel liebenswerter dagegen sind unsere rundlichen Hausschweine! Selbst nach ihrem seligen Ende spricht man freundlich von ihnen, weil man sie zum Fressen gern hat. Und wäre damals im Paradies statt der Schlange ein braves Schwein dazugekommen, wäre es nicht dazu gekommen, wozu es gekommen ist. Das Schwein hätte den unheilvollen Apfel der Eva sicher nicht angeboten. Es hätte ihn selber gefressen – aus lauter Gutmütigkeit.

Windmühlen

Schon seit den Tagen Don Quichottes
gibt's Windmühlen; doch leidergotts
sind sie, wie es so manchmal geht,
fast überall vom Wind verweht.

Man sieht sie äußerst selten drum,
und wenn, dann stehn sie nur herum.
Sie werden zwar noch gern gemalt;
doch mahlen macht sich nicht bezahlt!

Wer kauft noch Mehl, wenn morgens man
sich fert'ge Brötchen kaufen kann?
Auch alle übrigen Gebäcke
kriegt man beim Bäcker um die Ecke.

Drum mache man, ob Greis, ob Kind,
um Windmühlen nicht so viel Wind!

Ihr Fenster

Ich habe ein Fenster im Zimmer,
das Fenster hatte ich schon immer.
Doch lohnte es nie, zum Fenster zu geh'n,
denn meine Aussicht, die ist gar nicht schön:
nur eine Mietskaserne.

Doch wie ich neulich, ganz aus Verseh'n,
kam in die Nähe vom Fenster zu steh'n,
bemerkte ich plötzlich schräg vis-à-vis
ein weibliches Mädchen, so schön wie noch nie!
Nun guck ich furchtbar gerne:

Wenn ich mich aus dem Fenster leh'n,
kann ich grad in ihr Fenster seh'n.
Doch so oft ich zum Fenster lauf –
niemals guckt sie zu mir rauf!

Morgens, mittags guck ich hin,
aber abends hat's keinen Sinn.
Dann ist sie müd' und geht zur Ruh
und ziehet die Gardine zu!

Man tat mit dem größten Bemühen
sehr viel, um mich gut zu erziehen.
So weiß ich sehr wohl, daß sich das nicht schickt,
wenn man in fremde Fenster blickt.
Doch tu ich's bloß bei Tage!

Bei Nacht, da träum ich in meinem Bett,
daß sie mich geseh'n und gerufen hätt'.
Und weiter träum ich, daß ich wie ein Gangster
geklettert wär' durch ihr offenes Fenster –
und ihr dies leise sage:

Wenn ich mich ein klein wenig aus dem Fenster lehn',
kann ich wirklich ganz vorzüglich in dein Fenster seh'n.
Doch so oft ich auch zu meinem Fenster renn und lauf –
niemals, niemals guckst du zu mir rauf!

Morgens, mittags – immer guck ich hin,
aber wenn der Abend kommt, hat's ja keinen Sinn.
Denn dann bist du hundemüde, und du gehst zur Ruh – und ziehst zu!

Das Gewitter

Der Mond verbirgt sein bleiches Licht,
die Sterne am Himmel, sie funkeln nicht.
Die Nacht ist schwühl.
Im Herzen wird bang.
Der Uhu krächzt einen Totengesang.

Da – – – bricht's aus schwarzer Nacht hervor,
als wäre geöffnet der Hölle Tor,
als ständen die Säulen des Erdballs in Flammen,
als stürze das ganze Weltall zusammen,
und aus der Wolken feuchtem Schoß
der Regen in Strömen sich ringsum ergoß,
als wollten des Wassers wilde Gewalten
das Land zum unendlichen Meere gestalten.

Und wie es so stürmet und brandet und kracht,
da, eine Jungfrau tritt hinaus in die Nacht
und ruft in die tosenden Winde hinaus:
»Na, das ist ein Dreckwetter, da bleib' ich zu Haus.«

Das Dings

Mitten in Ägyptens Wüste
steht ein riesengroßes Dings,
hinten Löwe, vorne Dame,
jeder weiß: das ist die Sphinx.

Sehnsuchtsvoll in Richtung Westen
schaut sie steinernen Gesichts.
Würde sie nach Osten gucken,
wär's egal: auch da ist nichts…

Sandmännchen

Die Straße, in der ich wohne, heißt Sackgasse. Die Gasse heißt so, weil sie immer tiefer und tiefer wegsackt! Sie besteht hauptsächlich aus Löchern, weshalb man sie schalkhaft auch »Schweizer-Käse-Gasse« nennt.
Ist man ohne Achsen- oder Beinbruch bis zum 17. Loch vorgedrungen, so beginnt dort das Anwesen, auf dem ich mein Unwesen treibe.
Das Grundstück ist nicht groß, aber es reicht – mir und bis zum 24. Loch.
Allein, das muß zur Ehre der Stadtväter gesagt werden: bei Tage wirkt meine Sackgasse löcherlich – nachts liegt sie in völliger Finsternis da. Es sei denn, daß der Mond schon scheint, und er nicht seinen Mondschein schont!
Neulich – ich dachte ich sehe schief – erschienen doch tatsächlich zwei Männer mit einem Spaten und einem Häufchen Sand! Sie besahen sich zuerst die Straße, dann jedes einzelne Loch und dann frühstückten sie im Angesicht ihres Schweißes. Schließlich ergriffen sie den Spaten – und mit ihm die Flucht.
Mit dem zurückgelassenen Sand sollten sie uns wahrscheinlich nur Sand in die Augen streuen – diese Sandmännchen...!
Gute Nacht!

Auf Wiedersehen

Es gibt so viele Abschiedslieder,
man hört im Funk sie immer wieder.
Meistens singt sie ein Tenor,
mal singt er mit, mal ohne Chor.
Ich hab ein wenig nachgedacht
und auch so'n Abschiedslied gemacht:

Lebe wohl, adieu, auf Wiedersehn,
addio, tschüs, na denn, gehab dich wohl!
Nu hau schon ab, viel Glück, bleib gesund,
ade, mach's gut, bis bald, Mahlzeit, Moin!
Arrivederci, au revoir, bye – bye,
bis zum nächsten Mal und proschtschai!

dschu-fi-mu

es stirbt die nacht –
wird sie vom tag entbunden

der große zeiger
überholt den kleinen

und atemlos
stirbt auch der tag

Kurz vor Schluß

Schön ist der Wein, bevor er getrunken,
schön ist das Schiff, bevor es gesunken,
schön ist der Herbst, solange noch Mai ist,
schön ist der Leutnant, solang er aus Blei ist.

Schön ist das Glück, wenn man es nur fände.
Schön ist dies Buch, denn gleich ist's zu Ende.

Letzter Rat

Bevor man dich verbrennt zu Asche,
verhindere, daß man dich wasche.
Versenkt man dich dann in den Keller,
verbrennst du, ungewaschen, schneller.

Wenn sie jedoch die Absicht haben,
dich einst im Ganzen zu begraben,
dann sei appetitlich, frisch und rein –
die Würmer werden dankbar sein.

Inhalt

Hans Fallada

Das vierte Buch wurde **Hans Falladas** größter Erfolg: 1932 erschien im Ernst Rowohlt Verlag «Kleiner Mann – was nun?». Nach jahrelanger Mittellosigkeit begann eine kurze Zeit des großen Geldes. Ab 1933 wurde es um Hans Fallada einsamer. Während Freunde und Kollegen emigrierten, glaubte er, vor den Nazis, wie er es nannte, einen «Knix» machen zu müssen, um weiterschreiben zu können. Als wollte er der wirklichen Welt entfliehen, schrieb er unermüdlich zahlreiche fesselnde Romane, wunderbare Kinderbücher und zarte Liebesgeschichten. Am 5. Februar 1947 starb Hans Fallada, körperlich zerrüttet, in Berlin.

Kleiner Mann – was nun?
Roman
(rororo 10001)

Ein Mann will nach oben
Roman
(rororo 11316)

Kleiner Mann, Großer Mann – alles vertauscht
Ein heiterer Roman
(rororo 11244)

Wolf unter Wölfen
Roman
(rororo 11057)

Der Trinker
Roman
(rororo 10333)

rororo Literatur

Bauern, Bonzen und Bomben
Roman
(rororo 10651)

Hans Fallada *dargestellt von Jürgen Manthey*
(bildmonographien 50078)

Weitere Informationen in der **Rowohlt Revue**, kostenlos im Buchhandel, oder im **Internet: www.rororo.de**

3222/4

James Herriot

James Herriot ist das Pseudonym des britischen Tierarztes James Wight, geboren 1916. Er lebte mit seiner Frau und seinen zwei Kindern in Nordengland, wo er bis zu seinem zweiundsiebzigsten Lebensjahr als Tierarzt praktizierte. James Herriot starb am 23. Februar 1995 in Thirsk in Yorkshire.

Der Doktor und das liebe Vieh *Als Tierarzt in den grünen Hügeln von Yorkshire*
(rororo 14393 und in der Reihe «Großdruck» 33133)
Warmherzig und humorvoll, mit nie versiegendem Staunen vor dem immer wieder neuen Wunder des Lebens erzählt James Herriot in den amüsanten Erinnerungen von der Tierarztpraxis in der wilden, einsamen Landschaft der Yorkshire Dales.

Der Tierarzt *Die zweite Folge der heiteren Tierarztgeschichten*
(rororo 14579 und in der Reihe «Großdruck" 33149)

Der Tierarzt kommt *Die dritte Folge der heiteren Tierarztgeschichten*
(rororo 14910 und als gebundene Ausgabe)
«Geschichten voller Heiterkeit, voller Witz und Nachdenklichkeit. Eine wunderschöne, entspannende Lektüre für den Sonntagvormittag auf dem Balkon oder für den Urlaub.»
Norddeutscher Rundfunk

Ein jegliches nach seiner Art *Neue Geschichten vom Doktor und dem lieben Vieh*
(rororo 13733)

3620/5

rororo Unterhaltung

Von Zweibeinern und Vierbeinern *Neue Geschichten vom Tierarzt*
(rororo 15460 und als gebundene Ausgabe)
«Das ist ein Herriot von der besten Sorte, ein Buster Keaton der Tiermedizin. Er bringt uns zum Lachen und zum Weinen, und er führt uns manche kleine Wahrheiten vor Augen, denen wir nachdenklich zustimmen ...»
Washington Post

Auf den Hund gekommen *Stories*
(rororo 13638, in der Reihe «Großdruck» 33141 und als gebundene Ausgabe)
Eine Auslese der aufregenden und nachdenklichen, humorvollen und melancholischen Hundegeschichten aus den Büchern des beruhmten Tierarztes.

Alles für die Katz *Zehn schnurrige Geschichten*
(rororo 26275 und in der Reihe »Großdruck« 33171)

Elke Heidenreich

Elke Heidenreich, geboren 1943, lebt in Köln. Seit 1970 freie Autorin und Moderatorin bei Funk und Fernsehen. Bekannt wurde sie als Metzgersgattin Else Stratmann, die es elf Jahre lang als Hörfunkfigur gab. Die aus der «Brigitte» bekannte Kolumne mit dem Titel *Also ...* – bei *rororo* auch als Taschenbuch lieferbar:

Also ... *Kolumnen aus «Brigitte»*
(rororo 12291 und als Großdruck 33144)

Also ... *Kolumnen aus «Brigitte» 2*
(rororo 13068)

Also ... *Kolumnen aus «Brigitte» 3*
(rororo 13758)

Also ... *Kolumnen aus «Brigitte» 4*
(rororo 22491)

Also ... *Die letzten Kolumnen*
(rororo 22943)

Best of Also ...
(rororo 23157)
April 2002

«Darf's ein bißchen mehr sein?»
Else Stratmann wiegt ab
(rororo 15462)

«Datt kann donnich gesund sein»
Else Stratmann über Sport, Olympia und Dingens ...
(rororo 12527)

«Geschnitten oder am Stück?»
Neues von Else Stratmann
(rororo 15660)

rororo Unterhaltung

«Mit oder ohne Knochen?» *Das Letzte von Else Stratmann*
(rororo 15829)

Kein schöner Land *Ein Deutschlandlied in sechs Sätzen*
(rororo 15962)

Erika *Die Liebe. Der Hund wird erschossen. Erika*
(rororo 22972)

Dreifacher Rittberger
Eine Familienserie
(rororo 12389)

Kolonien der Liebe
Erzählungen
176 Seiten. Gebunden, als rororo 13470 und als Großdruck 33119
«Elke Heidenreich sichert in ihren Texten Spuren der Nähe und findet den adäquaten Ton für etwas, was den meisten Menschen bei aller Häufigkeit unbegriffen geschieht: Zuneigung, Zärtlichkeit, Liebe.» *WDR*

Elke Heidenreich liest Kolonien der Liebe
1 Toncassette im Schuber (Literatur für KopfHörer 66030)

3693/7